新能源汽车
高压系统装配与调试

主　编　林世明　彭朝晖　罗婷劼
参　编　刘　港　熊继芬　孔泽慧
　　　　杨　艳　覃　涛　赖建文

北京理工大学出版社
BEIJING INSTITUTE OF TECHNOLOGY PRESS

内 容 简 介

　　本书是由广西机电职业技术学院组织编写的高等职业院校新能源汽车技术专业核心课程教材，以"模块导向、任务驱动"为架构、以基于满足新能源汽车技术专业高素质技能型人才需求，按新形态教材理念进行编写，并配备丰富的数字化教学资源。本书主要内容包括：新能源汽车高压系统概述、新能源汽车动力电池装配与调试、新能源汽车动力驱动系统装配与调试、新能源汽车空调系统高压部件装配与调试、新能源汽车装配下线后无法高压上电常见故障诊断。本书由校企合作双元开发，集新形态、信息化教学为一体，教学内容和现场实际工作紧密结合，具有内容新、实用性强的特点。

　　本书可作为高等院校、高职院校汽车检测与维修技术专业教材，也可作为新能源汽车制造企业培养技能型人才的参考书。

图书在版编目（CIP）数据

新能源汽车高压系统装配与调试／林世明，彭朝晖，罗婷劼主编. -- 北京：北京理工大学出版社，2024.2
　　ISBN 978-7-5763-3641-2

　　Ⅰ.①新… Ⅱ.①林… ②彭… ③罗… Ⅲ.①新能源-汽车-高电压-装配(机械)-高等职业教育-教材②新能源-汽车-高电压-调试方法-高等职业教育-教材
　　Ⅳ.①U469.7

中国国家版本馆 CIP 数据核字（2024）第 046803 号

责任编辑：张鑫星		**文案编辑**：张鑫星	
责任校对：周瑞红		**责任印制**：李志强	

出版发行	/	北京理工大学出版社有限责任公司
社　　址	/	北京市丰台区四合庄路 6 号
邮　　编	/	100070
电　　话	/	(010) 68914026（教材售后服务热线）
		(010) 63726648（课件资源服务热线）
网　　址	/	http://www.bitpress.com.cn
版印次	/	2024 年 2 月第 1 版第 1 次印刷
印　　刷	/	河北盛世彩捷印刷有限公司
开　　本	/	787 mm×1092 mm　1/16
印　　张	/	12.25
字　　数	/	281 千字
定　　价	/	78.00 元

图书出现印装质量问题，请拨打售后服务热线，负责调换

前　言

党的二十大报告提出，推动形成绿色低碳的生产方式和生活方式。发展新能源汽车是我国从汽车大国迈向汽车强国的必由之路，是应对气候变化、推动绿色发展的战略举措。2012 年国务院发布《节能与新能源汽车产业发展规划（2012—2020 年）》以来，我国坚持纯电驱动战略方向，新能源汽车产业发展取得了巨大成就，成为世界汽车产业发展转型的重要力量之一。2023 年，中国新能源汽车产销量达 950 万辆，增速超过 35%；锂电池产量增长 25%；光伏电池产量增长 54%；新能源汽车出口 120 多万辆，增长 77.6%，出口量稳居全球首位，带动新车出口数量跃居世界第一。伴随着新能源汽车市场的快速增长，新能源汽车制造装配、销售、维修等新能源汽车前后市场需要大量的技术技能型人才。

本教材的编写贯彻习近平新时代中国特色社会主义思想，依据新能源汽车技术专业人才培养方案，结合"1+X"新能源汽车装调与测试技能证书考核项目，融入全国职业院校技能大赛新能源汽车技术赛项考核点，具有校企合作开发，"教、学、做"一体，岗课赛证融通特点的新形态活页式教材。提炼新能源汽车装配与调试工作岗位的典型工作任务，融入全国职业院校技能大赛中高职比赛项目的动力电池组检测、驱动电机拆装检测、新能源汽车综合故障诊断等典型项目，提升学生职业技能和创新能力。

把复杂的总成拆装、检测通过扫码观看视频进行自主学习，使学生更容易掌握正确操作流程和注意事项。注重学生"做中学"，通过强化"做"来强化操作流程、发现问题、分析问题、解决问题，培养学生的自主学习能力。并将职业素养贯穿于整个教学过程，培养学生爱国家、爱专业、遵纪守法、节能环保、团队合作、精益求精的意志品格。本教材包含新能源汽车高压系统概述、新能源汽车动力电池装配与调试、新能源汽车动力驱动系统装配与调试、新能源汽车空调系统高压部件装配与调试、新能源汽车装配下线后无法高压上电常见故障诊断等五个模块，知识点、技能点和考核点实现岗课赛证融通。模块任务表见表 1。

表1　模块任务表

模块名称	项目	任务名称	难度描述及岗课赛证对应情况
模块一　新能源汽车高压系统概述	任务　认知高压系统	子任务1　认知高压系统工作原理	1+X 初级
		子任务2　认知高压系统各总成、部件作用	1+X 初级
		子任务3　高压系统实物认知实习	制造装配基本技能
模块二　新能源汽车动力电池装配与调试	任务一　认知动力电池组	子任务1　认知动力电池组的单体电池	1+X 初级/新能源汽车维修工中级
		子任务2　认知动力电池组的功能	1+X 中级/新能源汽车维修工中级
		子任务3　认知动力电池组部件	1+X 中级/新能源汽车维修工中级
		子任务4　认知动力电池组管理系统	1+X 中级/新能源汽车维修工中级
	任务二　装配、测试动力电池组	子任务1　测试动力电池组性能	1+X 高级/新能源汽车维修工高级
		子任务2　安装动力电池组	1+X 中级/新能源汽车维修工中级
	任务三　认知动力电池组充电系统	子任务1　分析交流充电控制电路	1+X 中级/新能源汽车维修工中级
		子任务2　测量交流充电控制电路	技能竞赛内容
		子任务3　分析直流充电控制电路	1+X 中级/新能源汽车维修工中级
	任务四　诊断与排除动力电池组常见故障	子任务1　读取动力电池数据流及故障码	技能竞赛内容
		子任务2　诊断与排除动力电池组常见故障	技能竞赛内容
模块三　新能源汽车动力驱动系统装配与调试	任务一　认知驱动系统	子任务1　认知驱动系统基本知识	1+X 初级
		子任务2　认知驱动电机工作原理	1+X 中级/新能源汽车维修工中级
		子任务3　分析驱动电机控制电路	1+X 中级/新能源汽车维修工中级
		子任务4　测量驱动电机控制电路	新能源汽车维修工中级/技能竞赛内容

续表

模块名称	项目	任务名称	难度描述及岗课赛证对应情况
模块三　新能源汽车动力驱动系统装配与调试	任务二　装配与调试驱动系统	子任务1　拆装驱动电机	1+X 中级/新能源汽车维修工中级
		子任务2　测试驱动电机	新能源汽车维修工高级/技能竞赛内容
		子任务3　拆装驱动系统部件	1+X 中级/新能源汽车维修工中级
	任务三　诊断与排除驱动系统常见故障	子任务1　读取驱动系统数据流及故障码	1+X 中级/新能源汽车维修工中级
		子任务2　诊断与排除驱动系统常见故障	新能源汽车维修工中级/技能竞赛内容
模块四　新能源汽车空调系统高压部件装配与调试	任务　装配与调试新能源汽车空调系统高压部件	子任务1　认知新能源汽车空调系统	1+X 中级
		子任务2　分析空调系统控制电路	1+X 中级/新能源汽车维修工中级
		子任务3　测量新能源汽车空调系统电路	1+X 中级/新能源汽车维修工中级
		子任务4　诊断与排除新能源汽车空调系统高压故障	技能竞赛内容
模块五　新能源汽车装配下线后无法高压上电常见故障诊断	任务　诊断与排除无法高压上电常见故障	子任务1　诊断与排除低压系统导致无法高压上电的故障	新能源汽车维修工高级/技能竞赛内容
		子任务2　诊断与排除绝缘性能变差导致无法高压上电的故障	新能源汽车维修工高级/技能竞赛内容

　　本教材由全国优秀教师、全国职业院校技能大赛优秀指导教师林世明，国家级教学名师彭朝晖，全国教学能力大赛获奖教师罗婷劼等三人担任主编。参编人员包括广西机电职业技术学院刘港、熊继芬、孔泽慧，柳州市交通学校杨艳等教师，上汽通用汽车股份公司覃涛（高级工程师），广西汽车集团赖建文（高级工程师、广西技术能手）等企业技术专家。本教材在编写过程中得到了"1+X"新能源汽车装调与测试职业技能等级证书评价组织北京卓创至诚技术有限公司、上汽通用五菱汽车股份有限公司、广西汽车集团有限公司等单位的大力支持，在此表示衷心感谢。

编　者

目 录

模 块 一

新能源汽车高压系统概述

【知识目标】

1. 能描述新能源汽车高压系统的基本工作原理。
2. 能描述新能源汽车高压系统的组成及结构。
3. 能阐述新能源汽车高压各部件的作用。

【技能目标】

1. 能识别新能源汽车的高压系统部件。
2. 能理解新能源汽车高压系统部件的相关参数。

【素质目标】

1. 培养安全意识、劳动意识。
2. 培养团队协作意识，发扬集体主义精神。
3. 培养分析问题、解决问题的能力。
4. 引导学生初步建立开拓创新的精神和意识。

任务　认知高压系统

相关知识

子任务 1　认知高压系统工作原理

一、高压系统概述

纯电动汽车是指以车载电源为动力，利用电机驱动车轮行驶，符合道路交通、安全法规各项要求的车辆。由于纯电动汽车结构简单、维修方便及使用成本低，并且在使用过程中无污染、噪声小等优点，其应用前景被广泛看好。

相对于传统的燃油车而言，纯电动汽车采用了大容量、高电压的动力电池及高压电机驱动系统，并采用了大量的高压附件设备构成一套高压配电系统。高压配电系统由动力电池为电机控制器、驱动电机、电动空调压缩机、DC/DC 和 PTC 加热器等高压部件提供能量。此外，动力电池一般还有一套直流快充充电系统和一套交流慢充充电系统，将交流、直流充电口高压充电电流分配给动力电池，以便为动力电池充电。

所有的高压部件都由高压配电系统连接输送电能。一般高压配电系统由分线盒（有些车型也称高压配电单元、高压配电盒等）、直流充电口、交流充电口、高压配电线束、电动空调压缩机线束、PTC 加热器线束、电机三相线束等组成。常见的纯电动汽车的高压控制流程如图 1.1 所示。

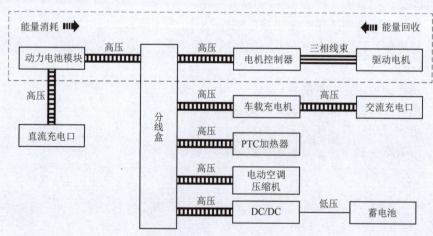

图 1.1　常见的纯电动汽车的高压控制流程

二、高压系统工作原理

1. 高压配电系统

高压配电系统中，核心部件为分线盒。分线盒是动力电池到其他负载部件的枢纽机构，分线盒将动力电池总成输送的电能分配给电机控制器、电动空调压缩机和 PTC 加热器。此外，交流慢充时，充电电流也会经过分线盒流入动力电池为其充电。分线盒的作用类似于低压供电系统中的熔丝盒，高压分线盒的功能有高压电能的分配、高压回路的过载及短路保护。以吉利帝豪 EV300 为例，其分线盒电气原理图如图 1.2 所示。

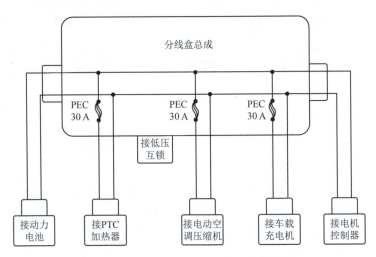

图 1.2 吉利帝豪 EV300 的分线盒电气原理图

分线盒内对电动空调压缩机回路、PTC 加热器回路、交流慢充回路各设有一个 30 A 的熔断器。当上述回路电流超过 90 A 时，熔断器会在 15 ms 内熔断；当回路电流超过 150 A 时，熔断器会在 1 ms 内熔断，保护相关回路。

2. 直流充电系统

直流充电口能接收直流充电桩的电能，并通过高压线束将电能输送给动力电池总成，为其充电。

3. 交流充电系统

交流充电口能接收交流充电桩的电能，并通过高压线束将电能输送给车载充电机，车载充电机将交流电转换成直流电再传递给分线盒，分线盒经过直流母线将直流电传递到动力电池，为其充电。

交流充电系统能量传递路线如图 1.3 所示。

4. 电驱动系统

车辆行驶时，电流从动力电池、直流母线、分线盒、电机控制器高压线、电机控制器依次经过，电机控制器将高压直流电转换为三相交流电，通过电机三相线到达驱动电机，产生驱动力。电驱动系统能量传递路线如图 1.4 所示，能量回收时传递路线相反。

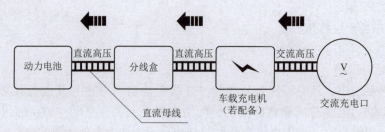

图 1.3　交流充电系统能量传递路线

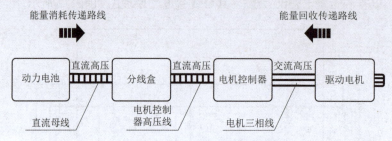

图 1.4　电驱动系统能量传递路线

5. 电源变换系统

动力电池的高压直流电，通过分线盒将高压电传递给 DC/DC，DC/DC 将高压电转换为 12 V 低压电，给整车低压用电系统供电及 12 V 蓄电池充电，其能量传递路线如图 1.5 所示。

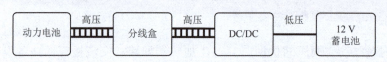

图 1.5　电源变换系统能量传递路线

子任务2　认知高压系统各总成、部件作用

一、高压线束

1. 高压线束分布

新能源汽车高压线束是高压电气系统的关键组件，为新能源汽车的可靠运行和安全提供了保障，如图 1.6 所示。它承载着电动、混动汽车内部及外部线束连接，通过分线盒进行电源分配，高效优质地传输电能，屏蔽外界信号干扰等功能，是新能源汽车高压系统的神经网络，连接所有的高压电子零部件，传递电力。

图 1.6　高压线束

整车高压线束主要分为 5 段。

（1）动力电池高压电缆：连接动力电池到高压配电盒之间的线缆。

（2）电机控制器电缆：连接高压配电盒到电机控制器之间的线缆。

（3）快充线束：连接快充口到高压配电盒之间的线束。

（4）慢充线束：连接慢充口到车载充电机之间的线束。

（5）高压附件线束（高压线束总成）：连接高压配电盒到 DC/DC、车载充电机、电动空调压缩机、PTC 加热器之间的线束。

2. 高压线束特点及分类

高压线束具有以下特点：

（1）高电压。新能源汽车普遍工作在 B 级电压范围，因此要求高压线束也需要满足 60～1 500 V 的工作电压。目前普遍的导线电压要求根据 GB/T 184384.3 中对 B 级电压的规定为 30～1 000 V AC 或 60～1 500 V DC。

（2）大电流。新能源汽车高压线束作为主要的能源传输通道，需要承受较大的电流，直流母线额定工作电流都能够达到 200 A 以上。

（3）密封性。由于高压线束高电压、大电流的特性，对线束的密封性也有很高的要求，一般都要求进行防水防尘试验和气密测试，如果密封不好，导致潮湿或进水，会造成导线和连接部位的极速老化或损坏。如果在插接件部位的密封性能差，还能够导致绝缘电阻降低，整车报绝缘故障。

（4）耐热性。由于高压线束长时间通过大电流，功率很大，由焦耳效应产生很大的热

量，因此高压线束的导线耐温一般都达到 125 ℃，端子耐温一般都达到 140 ℃。

（5）抗干扰能力。目前国内车型全部采用屏蔽高压线，日系车也有应用屏蔽网包覆在高压线外侧的，插接处屏蔽连接，有效绝缘且防止电磁辐射。

（6）颜色。高电压线束采用橙色电缆，警示作用明显。

高压线束分为双线制和单线制两种，如图 1.7 所示。

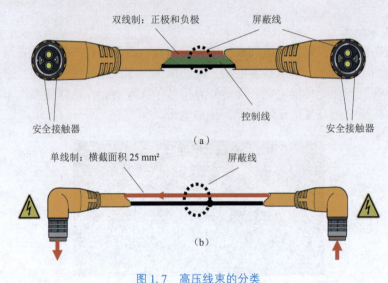

图 1.7　高压线束的分类
（a）双线制；（b）单线制

二、高压配电盒

新能源电动汽车高压配电盒（箱）是所有纯电动汽车、插电式混合动力汽车的高压电大电流分配单元，能完成动力电池电源的输出及分配，实现对支路用电器的保护及切断，一般内置熔断器等元件，如图 1.8 所示。

图 1.8　高压配电盒结构
（a）外观；（b）内部结构

采用集中配电方案，结构设计紧凑、接线布局方便、检修方便快捷。根据不同客户的系统架构需求，一些高压配电盒还要集成部分电池管理系统智能控制管理单元，从而更进一步简化整车系统架构配电的复杂度。

整个配电盒采用散热及耐振动性能优良的铝合金壳体，具有较高的安全及密封防水等级，在寿命、功耗、体积及重量上也有较大的优势。

三、动力电池

新能源汽车中为车辆提供动力源的电池称为动力电池，如图1.9所示。动力电池的作用是接收和储存由车载充电机、发电机、制动能量回收装置或外置充电装置提供的高压直流电，并且为电动汽车提供高压直流电。

图1.9 动力电池

动力电池是纯电动汽车的核心部件，也是新能源汽车上价格最高的部件之一。动力电池的性能好坏直接决定了车辆的实际价值。

纯电动汽车中动力电池作为整个汽车的动力源，它取代了传统燃油汽车的石油能源，相当于纯电动汽车的"心脏"，为整车提供持续稳定的能量，驱动车辆行驶。

1. 动力电池特点

（1）一般要求：具有维护方便性；在车辆发生碰撞或电池发生自燃等意外情况下，宜考虑防止烟火、液体、气体等进入电池箱的结构或防护措施；电池箱应留有铭牌与安全标志布置位置，给熔断器、动力线、采集线、各种传感元件的安装留有足够的空间和固定基础；所有连接件、端子、电触头应采取加强防护。在连接件、端子、电触头接合后应符合GB/T 4208—2017防护等级为3的要求。

（2）外观与尺寸：外表面无明显划伤、变形等缺陷，表面涂镀层均匀；零件紧固可靠，无锈蚀、毛刺、裂纹等缺陷和损伤。

（3）机械强度：耐振动强度和耐冲击强度，在试验后不应有机械损坏、变形和紧固部位松动等现象，锁止装置不应受到损坏；采取锁止装置固定的蓄电池箱，锁止装置应可靠，具有防误操作措施。

（4）安全要求：在试验后，蓄电池箱防护等级不低于IP55；人员触电防护应符合相关要求。

2. 动力电池参数信息

动力电池可以在铭牌上获取其基本参数信息，一般包括生产厂家、时间、电池电压、容量、充电速度要求、重量、型号、产品编码等，如图1.10所示。

图 1.10　动力电池铭牌

技术参数：

（1）单体电池基本参数。

电池体系：$LiFePO_4$ 二次可充电电池。

额定电压：3.2 V。

额定容量：80 A·h。

（2）电池系统基本参数。

额定电压：320 V。

电压范围：250~365 V。

电池系统容量：80 A·h。

连接结构：100S1P（S 表示串联，P 表示并联）。

四、电机控制器

在电动汽车中，电机控制器的功能是根据挡位、加速、制动等指令，将动力电池所储存的电能转换为驱动电机所需的电能，来控制电动汽车的起动、进退、速度、加速度等行驶状态。电动汽车制动时，能将汽车减速度能量转换为电能储存到动力电池中。它是电动汽车的关键零部件之一。

1. 电机控制器的构造

电机控制器主要由接口电路、控制主板、IGBT 模块（驱动）、超级电容、放电电阻、电流感应器、冷却水道、壳体等组成，如图 1.11 所示。

2. 电机控制器的主要功能

（1）与整车控制器通信。

（2）监测直流母线电流。

（3）控制 IGBT 模块。

（4）监控高压线束连接情况。

（5）反馈 IGBT 模块温度。

（6）旋变传感器励磁供电。

（7）旋变信号分析。

（8）信息反馈。

控制主板

超级电容

接口电路

图 1.11 电机控制器结构

电机控制器可以实现怠速控制（爬行）、控制电机正转（前进）、控制电机反转（倒车）、能量回收（交流转换直流）、驻坡（防溜车），电机控制器另一个重要功能是通信和保护，实时进行状态和故障检测，保护驱动电机系统和故障反馈。

IGBT 模块的功能：

①信号反馈给电机控制器控制主板。

②监测直流母线电压。

③直流转换交流及变频。

④监测相电流的大小。

⑤监测 IGBT 模块温度。

⑥三相整流。

超级电容和放电电阻的功能：

①超级电容：接通高压电路时给电容充电，在电机起动时保持电压的稳定。

②放电电阻：断开高压电路时，通过电阻给电容放电。

③放电电路故障，导致高压断电。

3. 电机控制器工作原理

电机控制器作为一部特定功能的逆变器，它利用电力电子技术中的调压调频技术，将动力电池中储存的直流电，调制成控制电机所需的矩形波或者正弦波交流电，改变输出电力的电压、电流幅值或者频率，进而改变电机转速、转矩，达到控制整车速度、加速度的目的。

电力电子电路设计，根据不同的调速需求，做出复杂程度不同、造价也不同的设计。例如，针对直流电机的控制，若采用单管斩波器电路，只能单向调速，电流不能换向；若采用双管斩波器电路，可以实现能量回馈动作，但是还是不能使直流电机换向；若采用 H 桥形斩波电路，可以直流电机调速、能量回馈、励磁电流反转。但是以上的三个选择，一个比一个复杂，一个比一个造价高，需要设计者在性能和成本之间做出选择，最贵的不一定是最好的，最适合的才好。

采用三相两电平电压源型逆变器整车控制器发出指令，通过 CAN 总线传输到电机控制器主板，控制器主板经过逻辑换算和确定旋变传感器的转子位置，再发信号驱动 IGBT

模块，又称智能功率模块。IGBT（绝缘栅双极型晶体管）输出三相交流电使驱动电机旋转。控制器主板对所有的输入信号进行处理，并将驱动电机控制系统运行状态的信息通过CAN网络反馈给整车控制器。驱动电机控制器内含故障诊断电路，当诊断出异常时，它将会激活一个故障码，同时存储该故障码和数据并发送给整车控制器。

五、驱动电机

电动汽车驱动电机是将电源的电能转换为机械能为车辆行驶提供驱动力的电气装置，该装置也可具备机械能转换成电能的功能，如图1.12所示。电动汽车由驱动电机驱动，驱动电机是电动汽车的关键部件。要使电动汽车具有良好的使用性能，驱动电机应具有较宽的调速范围及较高的转速、足够大的起动转矩，还要具有体积小、重量轻、效率高、动态制动性强和能量回馈的性能。

图1.12　驱动电机

与传统工业驱动电机不同，电动汽车的驱动电机通常要求能够频繁的起动/停车、加速/减速，低速/爬坡时要求高转矩，高速行驶时要求低转矩并要求变速范围大。电动汽车对驱动电机的要求可归纳如下：

（1）体积小、重量轻。为了充分利用有限的车载空间，减轻车辆重量，降低运行中的能量消耗，应尽量减小驱动电机的体积和重量。驱动电机可以采用铝合金外壳、各种控制装置和冷却系统等，也要求尽可能轻量化和小型化。

（2）全速段高效运行。一次充电续航里程长，特别是在车辆频繁起停或变速运行的情况下，驱动电机应具有较高的效率。

（3）低速大转矩及宽范围的恒功率特性。即使没有变速器，驱动电机本身应能满足所需的转矩特性，以获得在起动、加速、行驶、减速、制动等各种运行工况下的功率和转矩要求。驱动电机应具有自动调速功能，可以减轻驾驶员的操作强度，提高驾驶的舒适度。

（4）高可靠性。在任何运行工况下驱动电机都应具有高可靠性，以确保车辆的行驶安全。

（5）高电压。在允许的范围内尽可能采用高电压，可以减小驱动电机、电机控制器和导线等设备的尺寸，特别是可以降低逆变器的成本。

（6）安全性能。动力电池组、驱动电机等强电部件的工作电压能达到 300 V 以上，对电气系统的安全性和控制系统的安全性提出了更高的要求，新能源汽车驱动电机必须符合相关车辆电气控制的安全性能标准和规定。

（7）高转速。与低速电动机相比，高转速电动机的体积和重量较小，有利于降低整车装备的重量。

（8）使用寿命长。为降低新能源汽车的使用成本，驱动电机的使用寿命应和车辆保持一致，真正实现节能环保的目标。

六、车载充电机（OBC）

车载充电机（On Board Charger，OBC）是指固定安装在电动汽车上的充电机，如图 1.13 所示，具有为电动汽车动力电池安全、自动充满电的能力，车载充电机依据电池管理系统（BMS）提供的数据，能动态调节充电电流或电压参数，执行相应的动作，完成充电过程。

图 1.13　车载充电机

车载充电机 OBC 安装在电动汽车内部，与交流充电桩配合使用实现对电动汽车的充电功能。

1. 车载充电机功能

（1）具备高速 CAN 网络与 BMS 通信的功能，判断电池连接状态是否正确；获得电池系统参数及充电前和充电过程中整组和单体电池的实时数据。

（2）可通过高速 CAN 网络与车辆监控系统通信，上传充电机的工作状态、工作参数和故障告警信息，接收起动充电或停止充电控制命令。

（3）完备的安全防护措施：交流输入过压保护功能、交流输入欠压警告功能、交流输入过流保护功能、直流输出过流保护功能、直流输出短路保护功能、输出软起动功能，防止电流冲击，在充电过程中充电机能保证动力电池的温度、充电电压和电流不超过允许值；并具有单体电池电压限制功能，自动根据 BMS 的电池信息动态调整充电电流，自动

判断充电连接器、充电电缆是否正确连接。当充电机与充电桩和电池正确连接后，充电机才能允许起动充电过程；当充电机检测到与充电桩或电池连接不正常时，立即停止充电。充电联锁功能，保证充电机与动力电池连接分开以前车辆不能起动。高压互锁功能，当有危害人身安全的高电压时，模块锁定无输出、具有阻燃功能。

2. 技术参数

车载充电机的基本技术参数包括功率、输入电压、输出电压、输入电流、输出电流等。车载充电机技术参数如表 1.1 所示。

表 1.1　车载充电机技术参数

项目	参数
输入电压/V	220（1±15%）AC
输出电压/V	240~410 DC
功率/kW	3.3
冷却方式	风冷
输入电流/A	12
输出电流/A	8

七、DC/DC

1. DC/DC 转换器功能

DC/DC 转换器就是将动力电池组高电压转换为恒定 12 V 或者 14 V、24 V 低电压，既能给全车电器供电，又能给辅助蓄电池充电的设备，如图 1.14 所示。DC/DC 转换器在纯电动汽车上的功能相当于传统燃油车上发电机和调节器的功能。作为电动汽车动力系统中很重要的一部分，它的电能来自动力电池组或者车载充电机。DC/DC 转换器在整车上通常与其他高压系统元件整合在一起。

图 1.14　DC/DC 转换器

2. 技术参数

DC/DC 转换器的基本技术参数包括输入电压、输出电压、效率等。DC/DC 转换器技术参数如表 1.2 所示。

表 1.2 DC/DC 转换器技术参数

项目	参数
输入电压/V	240~410 DC
输出电压/V	14 DC
效率	峰值大于 88%
冷却方式	风冷
防护等级	IP67

3. 工作原理

DC/DC 转换器先将高压直流转换成高压交流，再将高压交流调压至低压交流，最后将低压交流转换为低压直流，如图 1.15 所示。

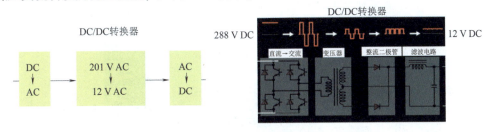

图 1.15 DC/DC 转换原理

八、PTC 加热器

PTC（Positive Temperature Coefficient）加热器是电动汽车上空调系统的热源，传统内燃机汽车的空调热源是发动机的冷却水，由于电动汽车没有内燃机，所以采用 PTC 产生热量，如图 1.16 所示。PTC 是一种加热器，主要适用于电动汽车上，是电动汽车上的暖风空调，大多数电动汽车的车主都会选择在温度较低时用 PTC 来取暖，以动力电池为能量来源。

1. PTC 的特点

PTC 的优点是加热快、结构简单、制造成本低，PTC 的缺点是能耗比较高。对于热泵空调可能只需要 0.8 kW·h 的电，而 PTC 空调则可能需要 2 kW·h 的电，如果空调的耗电量高，那么续航能力必将打个折扣，PTC 和热泵的优缺点其实有些互补的。

所以有些车会采用 PTC+热泵的形式，刚起动热空调时由 PTC 负责快速产生热量，让车内的温度迅速升高，然后再切换到比较节能的热泵空调，从而既保障了空调的制热效果，又减少热空调对续航里程的削弱。

图 1.16　PTC 加热器

2. PTC 的原理

供暖系统采用 PTC 水加热模块，PTC 加热冷却液后供给暖风芯体，空调系统电子水泵安装在电动空调压缩机附近。PTC 系统原理框图如图 1.17 所示。

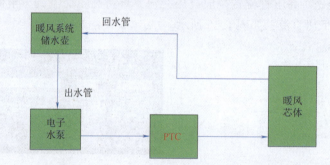

图 1.17　PTC 系统原理框图

子任务 3　高压系统实物认知实习

一、实习目标

（1）了解高压系统各部件安装位置。
（2）正确记录汽车型号、各部件安装位置。

二、实习准备工作

（1）新能源汽车若干辆（按 10~12 人/辆）、举升机、三角木、安全帽。
（2）提前分好组，每组安排好组长。

三、实习教学过程

实习过程及注意事项：
（1）给汽车车轮安放三角木，防止汽车移动。
（2）拉手制动，挂 P 挡。
（3）在高压系统实物任务工单记录实习车辆铭牌相关信息。

北汽 EV160 高压部件

（4）观察新能源汽车慢充接口安装位置并记录在任务工单上。
（5）观察新能源汽车快充接口安装位置并记录在任务工单上。
（6）打开机舱盖，观察 DC/DC 转换器的安装位置，并记录在任务工单上。
（7）观察车载充电机（OBC）的安装位置，并记录在任务工单上。
（8）观察高压配电盒的安装位置，并记录在任务工单上。
（9）观察电机控制器的安装位置，并记录在任务工单上。
（10）观察驱动电机的安装位置，并把电机铭牌信息记录在任务工单上。
（11）观察维修开关安装位置，并记录在任务工单上。
（12）举升新能源汽车至合适高度，观察动力电池组。操作步骤及注意事项如下：
①戴好安全帽，举升的车辆上不能坐人。
②如果使用的是两柱式举升机，举升臂的支点要正确顶在汽车裙边的加强筋上。当汽车车轮离开地面 10 cm 左右时，用手大力推动汽车侧面，观察汽车支撑是否稳定。
③车辆举升至合适高度后，要使举升机处于安全锁定状态，以防止汽车自行降落。
④到车辆底部观察动力电池组，并把动力电池组铭牌信息记录在任务工单上。
⑤把车辆降落回地面。
（13）观察点火开关上电过程：
①把点火开关从 OFF 挡控制到 ACC 挡，观察仪表显示情况。
②把点火开关从 ACC 挡控制到 ON 挡，观察仪表显示情况。
（14）插上车载充电枪，观察仪表显示情况。

任务工单

班级		姓名		车辆型号	

1. 车辆铭牌信息

车架号：	信息4：
信息1：	信息5：
信息2：	信息6：
信息3：	信息7：

2. 慢充接口安装位置：

3. 快充接口安装位置：

4. DC/DC 转换器安装位置：

5. 车载充电机（OBC）安装位置：

6. 高压配电盒

（1）高压配电盒安装位置：＿＿＿＿＿＿＿＿＿＿＿＿＿＿＿＿＿＿＿＿＿

（2）高压配电盒共有＿＿＿＿＿＿组高压连接线，写出分别连接的部件：＿＿＿＿＿＿＿＿＿＿＿

＿＿＿

＿＿＿

7. 电机控制器安装位置：

8. 驱动电机

（1）驱动电机安装位置：＿＿＿＿＿＿＿＿＿＿＿＿＿＿＿＿＿＿＿＿＿

（2）填写驱动电机相关信息：

信息1：	信息4：
信息2：	信息5：
信息3：	信息6：

9. 维修开关安装位置：

10. 动力电池组

（1）动力电池组安装位置：＿＿＿＿＿＿＿＿＿＿＿＿＿＿＿＿＿＿＿＿＿

（2）填写动力电池组相关信息：

信息1：	信息5：
信息2：	信息6：
信息3：	信息7：
信息4：	信息8：

续表

11. 观察点火开关上电过程 （1）把点火开关从 OFF 挡控制到 ACC 挡，简要记录仪表显示情况：   （2）把点火开关从 ACC 挡控制到 ON 挡，简要记录仪表显示情况：
12. 插上车载充电枪，简要记录仪表显示情况：

评价标准

考核内容			考核评分		
项目	内容		配分	得分	批注
工作准备 （20分）	能够正确理解工作任务内容、要求		5		
	能够根据汽车铭牌、VIN 码填写相关信息		5		
	检查场地、工具设备		5		
	能够正确穿戴防护及劳保用品		5		
执行任务过程 （60分）	快慢充接口、DC/DC 转换器、车载充电机安装信息		8		
	高压配电盒等总成安装信息		10		
	驱动电机安装位置及相关信息		10		
	维修开关安装位置		2		
	动力电池组相关信息		10		
	观察点火开关上电过程		10		
	插上充电枪仪表显示记录		10		
职业素养 （20分）	人身安全、设备安全注意事项		5		
	设备、工量具复位		5		
	清洁、整理工作场地		5		
	工单填写完整、规范		5		

作业

1. 高压配电系统的核心部件是_____。
2. 交流充电系统是通过_____，将三相交流电转换为高压直流电对动力电池进行充电的。
3. DC/DC 转换器的作用是_____。
4. 高压配电盒的作用包括_____和_____。
5. 电机控制器可以将_____转换为_____，传递给驱动电机驱动车辆行驶。
6. 高压线束采用_____颜色。
7. 动力电池提供的是_____。（直流电/交流电）
8. OBC 用于_____（直流/交流）充电。
9. 高压配电盒的作用是什么？其中一般都有哪些元件？
10. DC/DC 转换器转换过程原理是什么？
11. 纯电动汽车空调系统取暖使用的元件是_____。
12. PTC 加热器使用的能量来源是_____。

模块小结

1. 新能源汽车由高压配电系统、充电系统（交流、直流）、电机驱动系统、电能储存系统、电源变换系统等组成。
2. 新能源汽车各高压总成的功能：
（1）高压配电盒的功能是实现动力电池电源的输出及分配，实现对支路用电器的保护及切断。
（2）动力电池的功能是接收和储存由车载充电机、发电机、制动能量回收装置或外置充电装置提供的高压直流电，为车载高压用电设备供电。
（3）电机控制器的功能是根据挡位、加速、制动等指令，将动力电池所储存的电能转换为驱动电机所需的电能，来控制电动车辆的起动、进退、速度、加速度等行驶状态。
（4）驱动电机是将电源的电能转换为机械能为车辆行驶提供驱动力的电气装置，该装置也可具备将机械能转换成电能的功能。
（5）车载充电机的功能是依据电池管理系统（BMS）提供的数据和指令，动态调节充电电流或电压参数，为动力电池组补充电能。
3. 通过查阅汽车相关资料并结合汽车铭牌信息能正确描述新能源汽车各高压总成的安装位置、性能参数。

模 块 二

新能源汽车动力电池装配与调试

【知识目标】

1. 能描述新能源汽车动力电池组的结构特点、控制原理。

2. 能描述新能源汽车动力电池组测试项目内容、安装流程及注意事项。

3. 能描述交流充电系统、直流充电系统的组成、作用，并能查阅车型资料正确分析控制电路，制定线路和部件测量方案。

4. 能根据故障现象、参考车型资料，正确分析动力电池组和充电系统常见故障原因，制定故障检测流程。

【技能目标】

1. 能根据电路图进行动力电池系统和充电系统的电路测量。

2. 能按照正确流程和标准拆装、调试动力电池系统。

3. 能使用故障诊断仪、数字万用表、绝缘测试仪等专用设备对动力电池系统、充电系统进行故障诊断及排除。

【素质目标】

1. 强化质量意识、标准意识、安全意识，培养爱岗敬业的核心价值观。

2. 引导学生具备循序渐进的学习、提出问题、分析问题和解决问题的能力。

3. 培养学生合作意识、团队意识。

任务一　认知动力电池组

线上自学

1. BMS 通信协议试验　　2. DCIR 内阻测试试验　　3. 阶跃电流充电试验　　4. 阶跃电流放电试验

5. 脉冲电流充电试验　　6. 脉冲电流放电试验　　7. 工步循环试验　　　　8. 工况模拟试验

9. 电池标准　　　10. BMS 工作原理　　11. 装配图　　12. 内部电气元件安装与测试

【任务目标】
1. 能描述新能源汽车动力电池组的类型、特点。
2. 能描述新能源汽车动力电池组的组成及结构。
3. 能阐述新能源汽车动力电池组管理系统的控制原理。

【任务技能】
1. 能识别新能源汽车动力电池组内部部件。
2. 能理解新能源汽车动力电池组的相关参数。

【任务素质】
1. 以国内动力电池发展的领先水平为切入，厚植爱国主义情怀，增强民族自豪感和荣誉感。
2. 强化质量意识和标准意识。
3. 培养整体意识和团队意识。

相关知识

子任务 1　认知动力电池组的单体电池

一、动力电池的基本概念

1. 电池单体

电池单体是指直接将化学能转换为电能的基本装置和基本单元，是构成电池的基本元件，包括电极、隔膜、电解质和外壳等。

2. 电池

电池是指由一个以上的电池单体并联或串联而成，封装在一个物理上独立的电池壳体内，具有独立的正极和负极输出。内燃机汽车上常用的 12 V 或 24 V 起动电池，就是由 6 片或 12 片 2 V 的铅酸电池单体串联而成的。

3. 电池组

电池组也称电池包，是由多块电池通过串联或并联构成的一个储存电能或对外输出电能的部件，如图 2.1 所示。通常意义上的电池组还包括动力电池管理系统、电池箱等元器件。对于不包含完整电池管理功能的电池组通常称为电池模块（Battery Module）。

4. 电池系统

电池系统是指由一个以上电池组通过串联或并联构成的具备完善电池管理系统的电能供给系统，如图 2.2 所示。

图 2.1　电池组

图 2.2　电池系统

5. 电池组总成

单体电池是最基本的电池单元，为了方便安装、运输、使用，采取将多个单体电池串联或并联形成电池模块。

单体电池的电压和容量等不能满足电动汽车的行驶要求，实际使用时需要将电池串联组合以获得更高的工作电压，并联组合以提高电源的容量。

电池组的连接方式有很多种，但基本上是由单纯串联、单纯并联及串并联的组合形成的。各种连接方式对电池组的使用安全性、可靠性、不一致性、寿命等有各种不同的影响，对电池管理系统的功能也有不同的影响。

电池组的构成方式有串联、并联和同时采用串联和并联的混联方式，如图2.3所示。

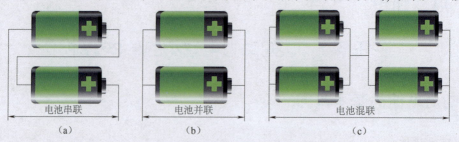

图2.3　电池组的构成方式

（a）电池串联；（b）电池并联；（c）电池混联

电动汽车一般采用先并联后串联的方式，先并联后串联系统连接可靠性远大于先串联后并联的情况。电池上会看到"*P*S"（*代表阿拉伯数字）的字样，其中，S 表示串联（首尾相连），P 表示并联（肩并肩）。如3P91S，则为 3 个并联组成一个单体，再由91 个单体串联成动力电池总成，如图2.4所示。

图2.4　电池连接方式

二、单体电池的类型

目前应用的电动汽车动力电池主要形状有圆柱形、方形及软包装三种结构，如图2.5所示。圆柱形电池外壳一般为金属材料，方形电池有塑料壳体和金属壳体两种，软包装电池采用铝塑膜材料，每种电池各有特点。

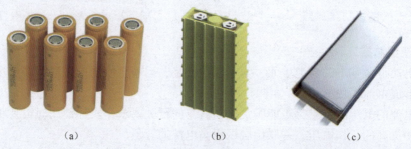

图2.5　单体电池的类型

（a）圆柱形电池；（b）方形电池；（c）软包装电池

1. 圆柱形电池

圆柱形电池是电池结构的常见形式，如图2.6和图2.7所示。镍氢电池、锂离子电池等均有圆柱形结构，并且新开发的动力铅酸电池也有圆柱形结构。圆柱形电池已经实现了标准化，从最小的0.1 A·h的AAAA圆柱形电池到容量较高的10 A·h左右的M形电池，形成了国际上统一的系列规格。

图2.6　圆柱形电池（一）　　　　　图2.7　圆柱形电池（二）

动力电池一般应用电流比较大，需要专门的大电流结构设计。为了组合连接方便，在原来圆柱形电池结构的基础上，设计了专门的连接组合装置，如在电池的正负极上设计内螺纹或螺柱，导电能力也得到增强。

1）优点

（1）圆柱形电池已经形成了一系列国际上统一标准规格和型号，工艺比较成熟，适宜大批量连续化生产。

（2）圆柱体的比表面积大，散热效果好。

（3）圆柱形电池一般为密封蓄电池，使用过程中不存在维护问题。

（4）电池外壳耐压高，使用过程中不会出现如方形、软包装电池膨胀等现象。

2）缺点

（1）电池串联连接，通常用点焊、激光焊接等方法连接。普通设计的圆柱形电池导电能力有限，用于动力电池在导电连接时（包括电动汽车电池内部的导电连接和电池之间的连接）需要重新设计。

（2）不适宜作大容量电池，制作大容量电池组时需要进行并联连接。并联工艺复杂，组合成本高。

（3）圆柱形电池的耐压程度比较高，如常规的镍氢D形圆柱电池，其安全阀开启压力一般在1~3 MPa，所以当电池出现安全问题时，其爆炸的可能性更大一些。

（4）利用圆柱形电池制作的电池组，体积会更大一些。

2. 方形电池

方形电池可以作成大容量电池，集流、引流结构容易改进，电池组合方便，承受大电流能力强。电动汽车使用的铅酸电池主要为方形结构，镍氢电池、锂离子电池均有方形电池，容量从小到大，规格种类繁多。但对于方形电池（尤其是容量比较大的动力电池），目前还没有统一的规格和型号。根据电池外壳材料不同，主要分为塑料壳体和金属壳体两大类，如图2.8和图2.9所示。

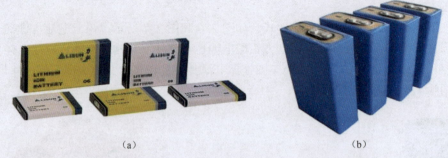

（a）
（b）

图 2.8　方形电池（一）

图 2.9　方形电池（二）

1）塑料壳体电池

（1）优点。

①绝缘性能优良，外壳不带电。

②外壳为塑料结构，一般设计有凹槽、凸点等，一方面增加了壳体强度，另一方面组合时可以形成散热通道。

③电池封口方便，可以胶封、熔接等。

④电池之间组合方便，可以直接以肩并肩形式组合。

（2）缺点。

①散热性能差，塑料导热性能差，内部热量不容易扩散到外部。

②耐高温能力差，高温下塑料易变形。

③每种型号的电池均需要进行模具设计，设计成本高。

国内几个主要厂家的塑料电池结构，大部分采用塑料壳体的电池产品，在壳体外壁上设计有凸点或筋条，组装成电池模块时电池之间可以形成散热通道。

2）金属外壳电池（图 2.10）

（1）优点。

①散热性能好。

②尺寸较小（壳体采用金属材料，一般厚度不超过 1 mm）。

（2）缺点。

①组装电池时电极或极组通过电解液与外壳导通，使外壳带电，组合时电池之间必须绝缘，应用过程中也必须有绝缘措施。

②使用过程中要防水、防尘，否则电池之间绝缘性能下降，外部微短路形成自放电。

③组合时需另加散热通道。

④壳体耐压程度低，容易膨胀。

图 2.10 金属外壳电池

方形电池耐压能力比较差，充电时电极材料晶格参数发生变化，造成电极膨胀，电极膨胀力作用于壳体，造成电池壳体变形。因此在模块设计制造时必须采取预防电池膨胀的措施。

方形电池的连接一般采用接线柱（图 2.11），通常有外螺纹、内螺纹连接两种形式。

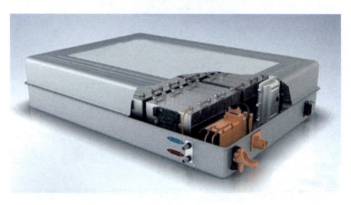

图 2.11 方形电池接线柱

子任务2　认知动力电池组的功能

动力电池组是由一个或一个以上的电池模块及相应附件构成的，是为电动汽车行驶提供电能的能量储存装置和整车的动力源。动力电池输出直流电压一般在240～420 V，输出最大电流可达到200 A。电池组的容量越大，表示汽车储能的能力越强，续航里程相对就越大。

1. 动力电池组组成

动力电池组由动力电池模块、结构系统、电气系统、热管理系统、BMS 五部分组成，如图2.12所示。

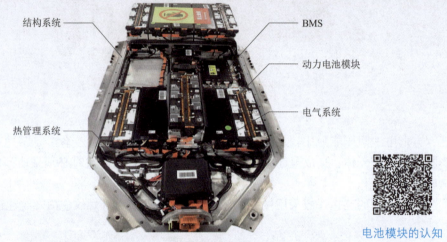

图2.12　动力电池组的组成

电池模块的认知

2. 动力电池组各组成部件作用

1）动力电池模块

如果把动力电池总成比作一个人体，那么模块就是"心脏"，负责储存和释放能量，为电动汽车提供动力。动力电池是由几百甚至几千颗电池芯经由并联及串联所组成的多个模组，组成了结构设计部分，再加上电池管理系统和热管理系统就可组成一个较完整的动力电池组。

2）结构系统

结构系统主要由动力电池上盖、托盘、各种金属支架、端板和螺栓组成，可以看作动力电池的"骨骼"，起到支撑、抗机械冲击、机械振动和防水防尘的作用，如图2.13所示。

3）电气系统

电气系统主要由高压跨接片或高压线束、低压线束和继电器组成。高压线束可以看作动力电池的"大动脉血管"，将动力电池系统"心脏"的动力不断输送到各个需要的部件中，低压线束则可以看作动力电池的"神经网络"，实时传输检测信号和控制信号，如图2.14和图2.15所示。

4）热管理系统

热管理系统的主要作用是确保电池组能在最佳温度范围内工作。冷却方式主要有风冷、液冷和相变材料冷却等。以液冷系统为例，热管理系统主要由冷却板、冷却水管、隔热垫和导热垫组成。热管理系统相当于给动力电池装了一个空调。其结构如图2.16所示。

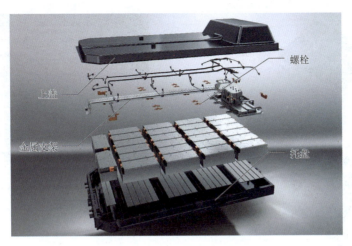

图 2.13　动力电池组的结构系统

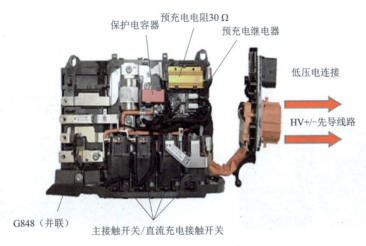

图 2.14　接触开关部件

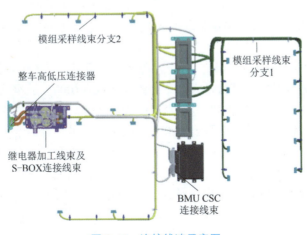

图 2.15　连接线速示意图

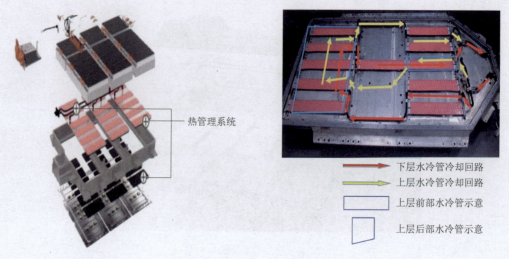

图 2.16　热管理系统的结构

5）BMS

BMS（Battery Management System）：电池管理系统，可以看作电池的"大脑"，主要由 CMU 和 BMU 组成，其安装位置如图 2.17 所示。

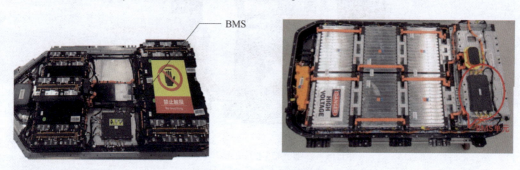

图 2.17　BMS 安装位置

CMU（Cell Monitor Unit）：单体监控单元，负责测量电池的电压、电流和温度等参数，同时还有均衡等功能。当 CMU 测量到这些数据后，将数据通过前面讲到的电池"神经网络"传送给 BMU。

BMU（Battery Management Unit）：电池管理单元，负责评估 CMU 传送的数据，如果数据异常，则对电池进行保护，发出降低电流的要求，或者切断充放电通路，以避免电池超出许可的使用条件，同时还对电池的电量、温度进行管理。根据先前设计的控制策略，判断需要警示的参数和状态，并且将警示发给整车控制器，最终传达给驾驶员。

电池管理系统（BMS）是动力电池的管家，其主要功能是通过对动力电池组的充放电过程的各种信息、状态进行采集和监控，对采集到的各种电池信息进行分析，实时监控电池的状态，智能化管理及维护各个电池单元，延长电池的使用寿命。BMS 外形如图 2.18 所示。

图 2.18　BMS 外形

电池管理系统（BMS）的主要功能（图 2.19）：

①动力电池信息采集。

②电池荷电状态（State of Charge，SOC）估算。

③绝缘监控和热管理。

④充放电管理。

⑤单体电池均衡管理。

⑥状态指示和故障警示。

图 2.19　BMS 功能示意图

3. 动力电池信息采集

电池管理系统（BMS）对动力电池的电压、电流和温度等参数实时进行检测，同时对电池系统绝缘电阻值进行持续测量。电池测量的精度直接影响电池管理系统的功能，过充、过放保护功能的实现完全依靠电压来判断。各模组最低单体电压如图 2.20 所示。

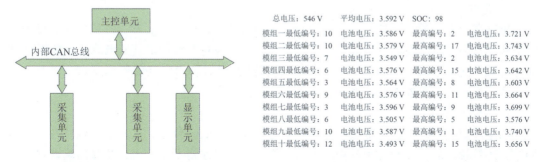

总电压：546 V	平均电压：3.592 V	SOC：98	
模组一最低编号：10	电池电压：3.586 V	最高编号：2	电池电压：3.721 V
模组二最低编号：10	电池电压：3.579 V	最高编号：17	电池电压：3.743 V
模组三最低编号：7	电池电压：3.549 V	最高编号：2	电池电压：3.634 V
模组四最低编号：6	电池电压：3.576 V	最高编号：15	电池电压：3.642 V
模组五最低编号：3	电池电压：3.564 V	最高编号：8	电池电压：3.603 V
模组六最低编号：9	电池电压：3.576 V	最高编号：11	电池电压：3.664 V
模组七最低编号：3	电池电压：3.596 V	最高编号：9	电池电压：3.699 V
模组八最低编号：6	电池电压：3.505 V	最高编号：5	电池电压：3.576 V
模组九最低编号：10	电池电压：3.587 V	最高编号：1	电池电压：3.740 V
模组十最低编号：12	电池电压：3.493 V	最高编号：15	电池电压：3.656 V

图 2.20　各模组最低单体电压

4. 电池荷电状态（SOC）估算

电池荷电状态（SOC）是描述电池状态的一个重要参数，SOC 的估算是否精准，将影响车辆的续航里程和电池寿命，是当前电池研究的一个难题和热点。目前已经出现了几种较为精确的 SOC 估算方法，其中应用比较广泛的有电流积分法、模糊逻辑法和系统滤波法等。SOC 计算公式及显示如图 2.21 所示。

$$SOC = \frac{剩余容量}{满充容量} \times 100\%$$

SOC=25%　　　　SOC=50%　　　　SOC=100%

图 2.21　SOC 计算公式及显示

5. 绝缘监控

正常运行情况下，电动汽车动力系统对车辆壳体是完全绝缘的，但是车辆工况复杂，振动、温度和湿度的急剧变化，酸碱气体的腐蚀等，都会引起绝缘降低而使得车身带电，实时地监测绝缘性能，对保证人员人身安全和车辆安全运行具有重要意义。绝缘监控示意图如图 2.22 所示。

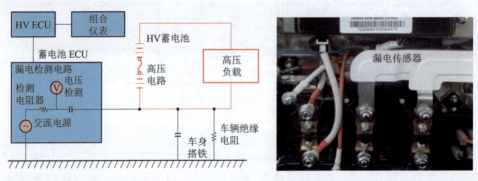

图 2.22　绝缘监控示意图

6. 充放电管理

BMS 的充放电管理功能是在动力电池的充电或放电的过程中，根据环境状态、电池状态等相关参数，对电池的充电或放电进行管理，通过设置电池的最佳充电或放电曲线（如充电电流、充电上限电压值、放电下限电压值等），确保动力电池的使用寿命，以及整车的安全可靠。仪表充放电显示如图 2.23 所示。

7. 单体电池均衡管理

在生产制造过程中，非常难以保证锂电池组单体间的一致性，这种不一致性在出厂时的差异还是较小的，随着使用过程的不断累积，不一致性将不断变大，从而影响着电池组的整体性能，甚至寿命。因此，系统必须具备有效的均衡能力，能够有效地将各单体电池间的差异约束在合理的范围之内。单体电池均衡管理如图 2.24 所示。

图 2.23 仪表充放电显示

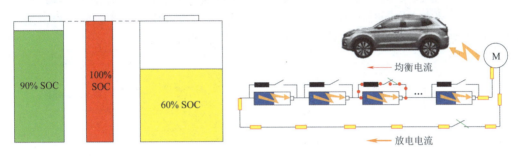

图 2.24 单体电池均衡管理

8. 状态指示和故障警示

电池管理系统可实时对电池组相关的信息进行监控，并通过与显示部分进行通信，实现电池充放电状态显示、电池荷电状态（SOC）显示，还可以指示当前电池的电压、温度、电流等信息。

警示功能是判断需要警示的参数和状态，并将警示内容通过通信网络发送给整车控制器和仪表单元。电池管理系统的警示内容包括 SOC 低、总电压高、总电压低、单体电压高、单体电压低、单体压差大、放电电流大、充电电流大、温度高、温度低、温差大、绝缘阻值低等。动力电池组放电状态显示如图 2.25 所示，动力电池故障报警灯显示如图 2.26 所示。

图 2.25 动力电池组放电状态显示

（a）

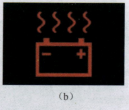
（b）

图 2.26　动力电池故障报警灯显示

（a）动力电池电量不足；（b）动力电池过热

　　综上所述，电池管理系统（BMS）是连接车载动力电池和新能源汽车的重要纽带，它将电池组的监测及管理集于一体，从而确保电池组的安全可靠，并以最佳状态输出电能。在有效保障电池安全的同时，通过有效的电池管理，可以提高电动汽车续航里程，是动力电池组中不可或缺的重要部件，对于新能源汽车的正常运行意义重大。

子任务 3 认知动力电池组部件

1. 认知动力电池

吉利帝豪 EV300 动力电池系统主要由电池单体、电池模组、CSC 采集系统、电池控制单元（BMU）、电池高压分配单元（B-BOX）、直流母线、辅助元器件等部件组成，如图 2.27 所示。

图 2.27 吉利帝豪 EV300 动力电池系统

2. 主要部件

（1）电池单体：直接将化学能转换为电能的基本单元装置，包括电极、隔膜、电解质、外壳和端子，并被设计成可充电，如图 2.28 所示。

图 2.28 电池单体

（2）电池模块：电池模块将一个以上电池单体按照串联、并联或串并联方式组合，且只有一对正负极输出端子，并作为电源使用的组合体，如图 2.29 所示。

（3）CSC 采集系统：每个电池单元有多个 CSC 采集系统，以监测其中每个电池单体或电池组单体电压、温度信息，如图 2.30 所示。CSC 采集系统将相关信息上报电池控制单元（BMU）并根据 BMU 的指令执行单体电压均衡。

图 2.29　电池模块

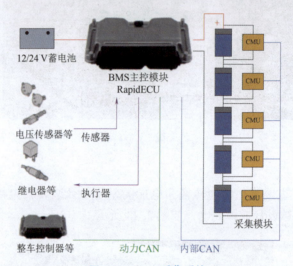

图 2.30　CSC 采集系统

（4）电池控制单元（BMU）：安装于动力电池总成内部，是电池管理系统的核心部件，BMU 将单体电压、电流、温度及整车高压绝缘等信息上报整车控制器（VCU），并根据 VCU 的指令完成对动力电池的控制，如图 2.31 所示。

图 2.31　电池控制单元

（5）电池高压分配单元（B-BOX）：安装在动力电池总成的正负极输出端，由高压正极继电器、高压负极继电器、预充继电器、电流传感器和预充电阻等组成，如图 2.32 所示。

电池高压分配单元

图 2.32　电池高压分配单元

（6）直流母线：位于前副车架上部，断开 12 V 蓄电池正、负电缆，等待 5 min 后，可拔下直流母线连接充电机端插件。

3. 辅助元器件

（1）熔断器：保护电池，防止电容短路或电机过载等原因引发的放电电流过大而损坏电池，如图 2.33 所示。

熔断器

图 2.33　熔断器

（2）主正继电器：由 BMS 控制，用来给动力电池进行充电，如图 2.34 所示。

主正继电器

图 2.34　主正继电器

（3）主负继电器：由 VCU 控制，用来控制回路的通断，如图 2.35 所示。

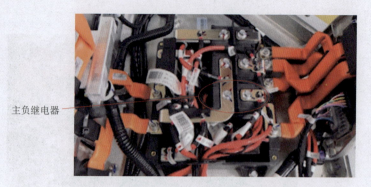

图 2.35　主负继电器

（4）预充继电器：由 BMS 控制其闭合和断开，在充、放电初期需要闭合预充继电器进行预充电，如图 2.36 所示。充电初期需要给各单体电池进行预充电，确定单体电池无短路；放电初期需要低电压、小电流给各控制器电容充电，当电容两端电压接近电池总电压时，预充完成后断开预充继电器，闭合主正继电器。

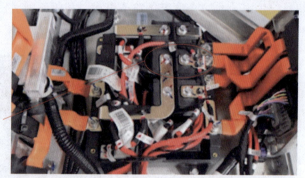

图 2.36　预充继电器

（5）预充电阻：在上电瞬间接通预充电阻，待负载电容充电到目标需求时，断开预充电阻，接通主正回路，如图 2.37 所示。

图 2.37　预充电阻

（6）温度传感器：检测电池的温度，充电时，当电池温度过高时，减少或停止充电电流，起保护电池作用。

（7）电流传感器：用来监测充、放电电流的大小，电流传感器类型为无感分流器，在电阻的两端形成毫伏级的电压信号，用来监测总电流，如图2.38所示。

电流传感器

图 2.38　电流传感器

子任务 4　认知动力电池组管理系统

1. 电池管理系统的基本结构

电池管理系统（BMS）用来对动力电池组进行安全监控及有效管理，提高动力电池的使用效率，达到增加续航里程，延长其使用寿命，降低运行成本的目的，进一步提高动力电池组的可靠性，已经成为电动汽车的不可少的核心部件，如图 2.39 所示。

图 2.39　电池管理系统

BMS 作为沟通电池和整车控制器以及驾驶员的桥梁，通过控制接触器控制动力电池组的充放电，并向 VCU 上报动力电池系统的基本参数及故障信息。电池管理系统主要包括数据采集单元、计算以及控制单元、控制执行单元和通信单元等，如图 2.40 所示。

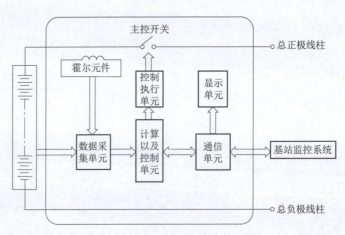

图 2.40　电池管理系统的结构框图

BMS 的软件：监测电池的电压、电流、SOC 值、绝缘电阻值、温度值，通过与 VCU、充电机的通信，来控制动力电池系统的充放电。

BMS 的硬件：主板、从板、高压配电盒、集电压线，采集电流、温度等数据的电子器件。

2. 电池管理系统的控制原理

电池管理系统的主要工作原理简单归结如下：

（1）数据采集电路（传感器）采集电池状态信号（电压、电流、温度等）数据后，通过 CAN 总线将数据传送给电子控制单元进行数据处理和分析。

（2）电池管理系统根据分析结果对系统内的相关功能模块（执行器）发出控制指令（如控制风机开、关等），并向外界传递参数信息。

（3）电池管理系统也能通过 CAN 与组合仪表、充电机等进行通信，实现参数显示、充电监控等功能。电池管理系统中央处理器信息处理框图如图 2.41 所示。

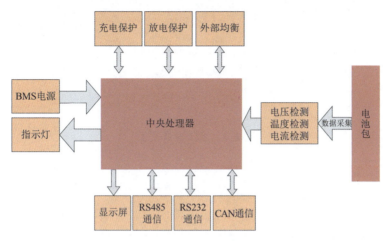

图 2.41 电池管理系统中央处理器信息处理框图

3. 电池管理系统的功能

电池管理系统的功能主要包括数据采集、状态估计、热管理、数据通信与显示、安全管理、能量管理和故障诊断，如图 2.42 所示。其中前六项为电池管理系统的基本功能。能量管理功能中包括了电池电量均衡的功能。

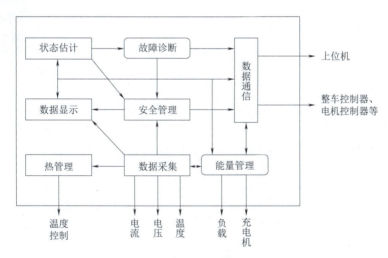

图 2.42 电池管理系统的功能

1）数据采集

数据采集是电池管理系统所有功能的基础，需要采集的信息有电池组总电压、电流、电池模块电压和温度，如图 2.43 所示。电池的荷电状态和剩余电量的计算、充放电优化、故障预警等功能都是以监测的各种电池参数为依据的。电池管理系统的所有算法都是以采

集的动力电池数据为输入，采样速率、精度和前置滤波特性是影响电池管理系统性能的重要指标。电动汽车电池管理系统的采样速率一般要求大于 200 Hz（500 ms）。

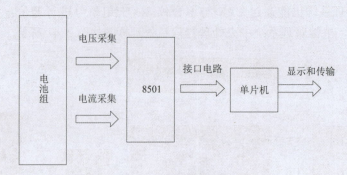

图 2.43　数据采集框图

（1）电压采集。

电池的电压最能体现电池的性能状态，既可以用于过充、过放等故障保护，也可以用于初步估计电池的剩余电量。电池组中每块电池两端的引线也接入电池管理系统主体部分，以实现电池管理系统对电池组总电压、每块单体电池端电压的信号采集，如图 2.44 所示。

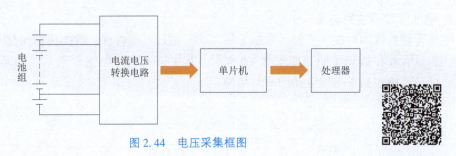

图 2.44　电压采集框图

电流采集原理理解试验

（2）电流采集。

电流采集可用于判断是否出现过放或过流，还可以通过对电流与时间的积分，估算电池的剩余电量等。在电池箱中安装有检测电池组电流的霍尔传感器，霍尔传感器把检测到的电池组电流信号输入电池管理系统的中央处理器中，如图 2.45 所示。

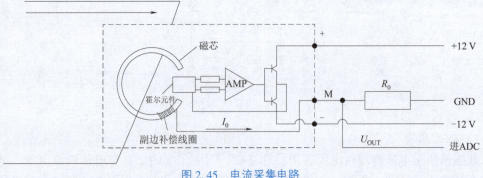

图 2.45　电流采集电路

（3）温度采集。

温度采集主要是用于防止电池组温度过高而发生安全事故，并对剩余容量计算进行补偿，动力电池组的每个单体电池表面安装了温度传感器，它们检测到的各个单体电池温度信号送入电池管理系统中央处理器中，如图 2.46 所示。

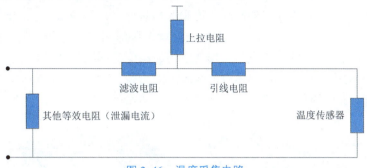

图 2.46　温度采集电路

2）电池状态估计

$$电池状态估计\begin{cases}电池组剩余电量（SOC）\\电池组健康状态（SOH）\end{cases}$$

SOC 用来提示动力电池组剩余电量，是计算和估计电动汽车续航里程的基础，SOC 是防止动力电池组过充电和过放电的主要依据。只有准确估算电池组的 SOC，才能有效提高动力电池组的利用效率，保证动力电池组的使用寿命，提高整车性能，降低对动力电池的要求以及提高经济性等。其值为电池在一定放电倍率下，剩余电量与相同条件下额定容量的比值，如图 2.47 所示。

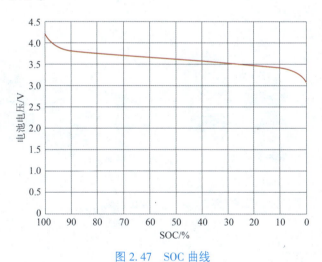

图 2.47　SOC 曲线

SOH 是用来提示电池技术状态，预计可用寿命等健康状态的参数。在行业内，一般用电池的 SOH 表示电池的健康状态，按照 IEEE 1188—2005 标准，当电池使用一段时间，电池充满电时的容量低于电池额定容量的 80%时，电池就应该更换。根据这个标准，可以为 SOH 进行以下定义：在某一条件下电池可放出容量与新电池额定容量的比值。

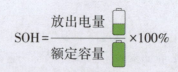

$$SOH = \frac{放出电量}{额定容量} \times 100\%$$

3）电池组的热管理

热管理主要是对动力电池组的冷却系统和冷却装置（风扇或液泵）的检测及控制，如图 2.48 所示。当电池工作温度高于适宜工作温度上限时对电池进行冷却，低于适宜工作温度下限时对电池进行加热，使电池工作在适当的温度范围内，并在电池工作过程中降低各个电池模块的温度差异，保持单体电池间温度的均衡。对于大功率放电和高温条件下使用的电池，电池的热管理尤为必要。

（a）　　　　　　　　　　　　（b）

图 2.48　电池组的热管理

（a）电池组正面；（b）电池组背面

热管理主要具有以下功能：电池组温度的准确测量和监控、电池组温度过高时的有效散热和通风、低温条件下的快速加热、有害气体产生时的有效通风及保证电池组温度场的均匀分布，如图 2.49 所示。

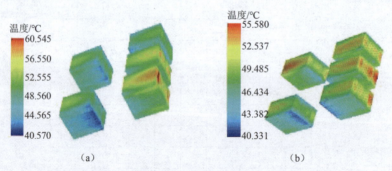

（a）　　　　　　　　　　　　（b）

图 2.49　电池组温度场

（a）优化前；（b）优化后

（1）电池的冷却方式。

动力电池作为电动汽车的动力来源，是提高整车性能和降低成本的关键一环，其温度特性直接影响电动汽车的性能、寿命和耐久性。

BTMS 中按照能量提供的来源分为被动式冷却和主动式冷却，其中只利用周围环境冷却的方式为被动式冷却。组装在系统内部的、能够在低温情况下提供热源或者在高温条件下提供冷源，主动元件包括蒸发器、加热芯、电加热器或燃料加热器等的方式为主动式冷却，如图 2.50 所示。

图 2.50　主动冷却元件

（2）风冷方式。

风冷方式主要有串联流道和并联流道，如图 2.51 所示。

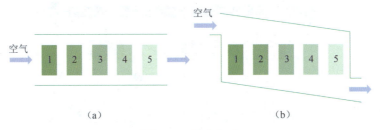

（a）　　　　　　　　　　（b）

图 2.51　风冷方式

（a）串联流道；（b）并联流道

风冷方式的主要优点：结构简单，重量相对较轻；没有发生漏液的可能；有害气体产生时能有效通风；成本较低。其缺点在于其与电池壁面之间换热系数低，冷却、加热速度慢。

（3）液冷方式。

液冷方式主要有串联流道和并联流道，如图 2.52 所示。

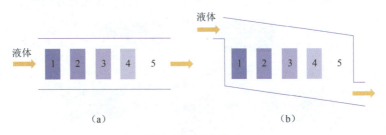

（a）　　　　　　　　　　（b）

图 2.52　液冷方式

（a）串联流道；（b）并联流道

液冷方式的主要优点：与电池壁面之间换热系数高，冷却、加热速度快；体积较小。主要缺点：存在漏液的可能；重量相对较重；维修和保养复杂；需要水套、换热器等部件，结构相对复杂。

4）数据通信与显示

（1）数据通信。

通过电池管理系统实现电池参数和信息与车载设备或非车载设备的通信，为充放电控制、整车控制提供数据依据是电池管理系统的重要功能之一，根据应用需要，数据交换采用不同的通信接口，如模拟信号、PWN 信号、CAN 总线或串行接口等，如图 2.53 所示。

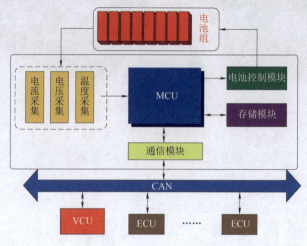

图 2.53　电池管理系统

目前，单体电池采用 I2G 串行通信接口，BMS 中的数据通信主要采用 CAN 总线通信。BMS 中一般采用双 CAN 网络，其内部各模块之间使用一个内部 CAN 网络，与外部整车 CAN 通信网络采用另外一个 CAN 总线通信接口接入。

另外，每个 BMS 基本上都留有与外部计算机或诊断仪器的通信接口，便于在计算机上对电池数据信息进行分析。

（2）数据显示。

显示单元用于电池模块的状态以及 SOC 等各种参数的显示、操作等，并可保存相关数据。显示数据其中主要有电池组总电压、电池组总电流、电池组最高/最低温度、单体电池最高/最低电压、电池电量（SOC）、电池故障报警信息，如图 2.54 所示。

图 2.54　显示数据

5）安全管理

安全管理主要用于监测电池电压、电流、温度等是否超过正常范围，防止电池组过充电、过放电，如图2.55所示。及时准确地掌握电池组或单体电池的各项状态信息，在异常状态出现时及时发出报警信号或断开电路，防止意外事故的发生。

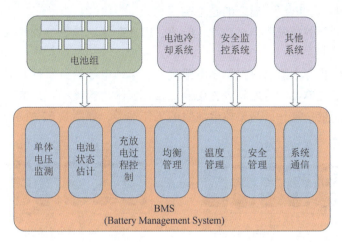

图 2.55　安全管理的功能

6）能量管理

能量管理是指对电流的充放电控制。即按事先设定的充放电控制标准，根据SOC、SOH和温度来限定电池的充放电电流，并对电池组单体或模块进行电量均衡等，可有效防止过充或过放。能量管理主要包括充电过程控制、放电功率控制和能量均衡控制，如图2.56所示。

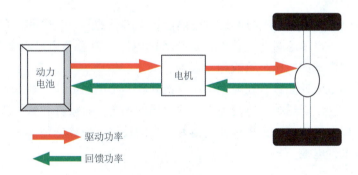

图 2.56　能量管理

（1）充电过程控制。

充电过程控制依据电流、电压、温度、SOC和SOH为输入来进行。在充电过程中，BMS和充电机联机通信交换数据，共同实现对电池组的优化充电，做到尽可能减少对电池组任何单体的损坏，同时使充电时间在可用的范围之内。

（2）放电功率控制。

放电功率控制是以SOC、SOH和温度等参数为条件来进行的，也称负载管理，是BMS的一个基本功能。BMS与负载控制连接，避免电池组过度放电使用。

过放电包括以下情况：

①长期运行中的深度放电使用，表现为单体电池电压趋于低压警戒及温度过高、过低或温升过大、剩余电量过小。

②起动、加速、爬坡、重载时发生的过强度放电，以及减速逆变充电时的过强度充电，统一表现为电压、电流、温度的超范围变化。

③高低温、低压等情况下，对功率、电流、电压剩余电量等参数的限制使用。

（3）能量均衡控制。

电池组的工作状态由组内最差单体电池决定，单体电池的一致性差异直接影响电池组的性能。在电池组各单体电池之间设置均衡电路、实施均衡控制，是为了使各单体电池充放电的工作情况尽量一致，提高整体电池组的工作性能，如图2.57所示。

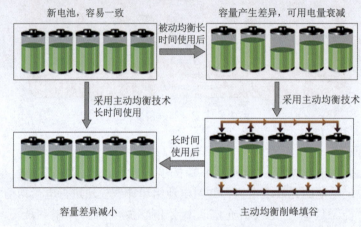

新电池，容易一致　　　　　容量产生差异，可用电量衰减

被动均衡长时间使用后

采用主动均衡技术长时间使用

采用主动均衡技术

长时间使用后

容量差异减小　　　　　主动均衡削峰填谷

图 2.57　电池组的能量均衡控制

能量均衡控制是在监控过充电和过放电的前提下进行的。过充电和过放电保护是控制电池的充放电电压，电压超过一定值时，保护关断电路。能量均衡控制是在关断保护前，使电池组内各单体电池的电压一致或相差很少。

被动均衡，即电阻耗能式，在每个单体电池并联一个电阻分流，耗能均衡就是将容量多的电池中多余的能量消耗掉，实现整组电池电压的均衡。有硬件和软件两种实现方案。

主动均衡，即能量转移式，将单体电池能量高的转移到单体电池能量低的，或用整组能量补充到单体最低电池。

7）故障诊断

尽管采用了各方面性能都较为优的电池，但现有的车用电池在随车使用中依然存在一系列的问题，最突出的表现就是：电池在运行过程中无法及时准确地预测与监控其状态，电池经常出现过充、过放、过热，且电池充放电特性受环境条件影响较大。这些情况不仅损害了电池本身的寿命，而且造成车辆使用成本的增加，严重的还将造成车辆停驶、损坏甚至烧毁爆炸等极端危险的情况。因此，为了保护任意车辆工况下电池的安全性，同时将电池的实时参数反馈给车辆控制器，需要设计电池管理系统，保证电池正常运行、保护电池使用寿命和驾驶员安全。由于电池管理系统性能的优劣会严重影响电池安全和整车控制策略的执行，所以必须对电池管理系统进行故障诊断，以便整车控制系统根据当前的电池及电池管理系统的状态优化整车控制策略，提高整车的动力性和行车安全性。图 2.58 所示为电池管理系统故障诊断流程。

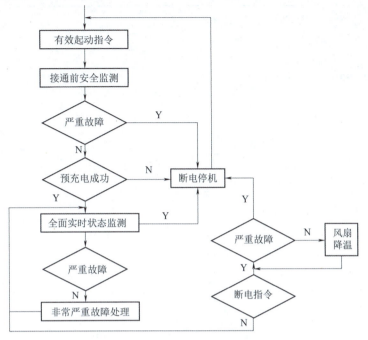

图 2.58 电池管理系统故障诊断流程

任务工单

班级		姓名	
动力电池型号			

1. 填写所认知的动力电池组铭牌相关信息

电池类型		额定电压		峰值功率	
额定功率		工作电压范围		电池组容量	
单体模块连接方式		最大放电电流			

2. 动力电池组外观检查

检查外观是否有变形、破损	
检查高压线束连接插口是否正常	
检查低压线束连接插口是否正常	
检查维修开关是否松动	
检查动力电池组箱盖螺栓是否齐全	

3. 拧下动力电池组箱盖螺栓，观察动力电池组内部组件，完成表内工作任务。

（1）画出动力电池模块单体连接方式	
（2）画出动力电池及各个模块的连接方式（含维修开关）	
（3）画出主正、主负继电器、预充电阻的连接方式	
（4）标注动力电池组主要部件名称	
（5）装复动力电池组箱盖	①动力电池组箱盖螺栓拧紧顺序要求：_____； ②动力电池组箱盖螺栓紧固力矩：_____。

评价标准

考核内容			考核评分		
项目	内容	配分	得分	批注
工作准备（20分）	能够正确理解工作任务内容、要求	5		
	能够根据汽车铭牌、VIN 码填写相关信息	5		
	检查场地、工具设备	5		
	能够正确穿戴防护及劳保用品	5		
执行任务过程（60分）	填写所认知的动力电池组铭牌相关信息	5		
	动力电池组外观检查	10		
	拧下动力电池组箱盖螺栓，观察动力电池组内部组件，完成工作任务	35		
	装复动力电池组箱盖	10		
职业素养（20分）	人身安全、设备安全注意事项	5		
	设备、工量具复位	5		
	清洁、整理工作场地	5		
	工单填写完整、规范	5		

作业

1. 电池的组合方式。

（1）写出电池的组合方式。

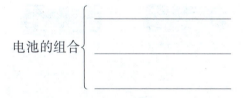

（2）下列关于单体电池串并联的描述正确的是（ ）。

A. 单体电池的串联组合可获得更高的工作电压，并联组合可提高电源的容量

B. 单体电池的串联方式通常用于满足低电压的工作需求

C. 单体电池的并联方式通常用于满足大电流的工作需求

D. 单体电池的混联方式既提供高电压又要有大电流放电的工作条件

2. 写出下列单体电池的连接方式。

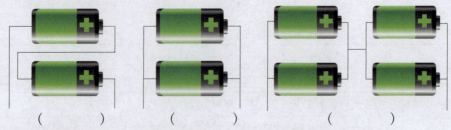

（　　　　　）　　　　（　　　　　）　　　　（　　　　　）

3. 计算下列电池组合方式的总电压。

（1）串联总电压。

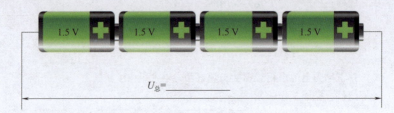

（2）并联总电压。

（3）混联总电压。

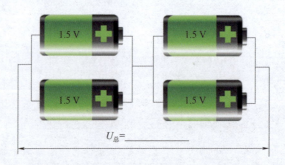

（4）计算。

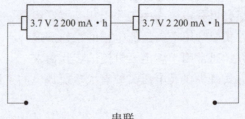

串联

①计算总电压：_____ V。

②计算总容量：_____ mA·h。

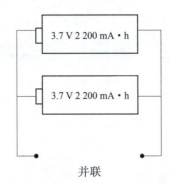

并联

①计算总电压：_____ V。

②计算总容量：_____ mA·h。

结论：

①单体电池串联能增大电池组的（□ 容量　□ 电压），不能增大电池组的（□ 容量　□ 电压）。

②单体电池并联能增大电池组的（□ 容量　□ 电压），不能增大电池组的（□ 容量　□ 电压）。

任务二　装配、测试动力电池组

线上自主学习

1. 单体电池参数设置

2. 恒流充电试验

3. 恒流放电试验

4. 恒流恒压充电试验

5. 恒流恒压放电试验

6. 倍率充电试验

7. 倍率放电试验

8. 恒功率充电试验

9. 恒功率放电试验

10. 恒阻充电试验

11. 恒阻放电试验

【任务目标】

1. 能描述新能源汽车动力电池组测试项目和内容。

2. 能描述新能源汽车动力电池组安装流程及注意事项。

【任务技能】

1. 能按操作规范正确完成新能源汽车动力电池组测试项目，并记录于表 2.1 中。

2. 能按操作规范正确完成新能源汽车动力电池组的安装。

【任务素质】

1. 培养爱岗敬业的核心价值观。

2. 培养动力电池安装作业现场安全意识。

3. 培养动力电池拆装标准操作意识和职业素养。

4. 强化团队协助意识。

5. 注重整理、整顿及劳动素养。

 **相关知识**

子任务 1 测试动力电池组性能

动力电池组测试要求：

（1）按要求做好工位安全防护。

（2）按要求做好个人安全防护。

（3）服从现场管理，确保考核安全进行。

（4）依据新能源汽车装调与测试职业技能等级标准，结合厂家技术规范和考核要求，严格执行高压作业安全规定，规范使用工具仪器，结合考核设备完成动力蓄电池总成测试与验证任务。

（5）按照动力蓄电池总成测试与验证的技术要求，在规定时间内完成作业流程，发现和确认异常问题，填写测试项目记录表中的空缺内容，如表 2.1 所示，并根据测量结果进行测试与验证工作。

表 2.1 测试项目记录

作业项目	作业内容	操作记录
工作准备	未穿戴绝缘鞋进入工位	
	进入工位后未设置隔离栏	
	未在工位入口处放置安全警示牌	
	未检查干粉灭火器压力值	
	未检查绝缘手套耐压等级	
	未检查绝缘手套密封性	
	未检查酸碱性手套有无破损	
	未检查护目镜有无破损	
	未检查安全帽有无破损	
	未进行数字万用表校零	
	未检查 BMS 通信线束连接状态	
	未检查直流母线采样线束连接状态	
	未检查直流母线线束连接状态	
	未检查 380 V AC 电源线束连接状态	
	未检查 220 V AC 电源线束连接状态	
	未检查控制线束连接状态	
	未检查 RJ45 通信线束连接状态	
单体电池参数设置	未选择测试通道	
	未选择指定测试项目	

续表

作业项目	作业内容	操作记录
单体电池 参数设置	未导入 DBC 文件	
	未设置搁置工步	
	未设置搁置截止时间	
	未设置恒流充电工步	
	未设置恒流充电电流	
	未设置高级参数	
	未设置全局保护电压上限	
	未设置全局保护电压下限	
	未设置全局保护电流上限	
	未设置全局保护电流下限	
	未设置全局保护功率上限	
	未设置全局保护功率下限	
	未设置全局记录时间间隔	
	未保存工步设置	
	未运行工步	
	未生成报表	
	搁置截止时间：4 s	
	恒流充电电流：10 A	
	最高单体电压：当前最高单体电压+20~30 mV	
	电压：70.8~80.4 V	
	电流：−25~+25 A	
	容量：0~40 A·h	
	总电池串数：24	
	总温感数：4	
	总电压：70.8~80.4 V	
	总电流：−25~+25 A	
	SOC：0~100%	
	SOH：0~100%	
	最高单体电压：2 950~3 350 mV	
	最高单体电压模块地址：1~4	
	最高单体电压模块内编号：1~12	
	最低单体电压：2 950~3 350 mV	

作业项目	作业内容	操作记录
单体电池 参数设置	最低单体电压模块内编号：1~12	
	最高温度：-25~+40 ℃	
	最高温度模块内编号：1~12	
	最低温度：-25~+40 ℃	
	最低温度模块内编号：1~12	
	单体电压 1：2 950~3 350 mV	
	单体电压 2：2 950~3 350 mV	
	单体电压 3：2 950~3 350 mV	
	单体电压 4：2 950~3 350 mV	
	单体电压 5：2 950~3 350 mV	
	单体电压 6：2 950~3 350 mV	
	单体电压 7：2 950~3 350 mV	
	单体电压 8：2 950~3 350 mV	
	单体电压 9：2 950~3 350 mV	
	单体电压 10：2 950~3 350 mV	
	单体电压 11：2 950~3 350 mV	
	单体电压 12：2 950~3 350 mV	
	单体电压 13：2 950~3 350 mV	
	单体电压 14：2 950~3 350 mV	
	单体电压 15：2 950~3 350 mV	
	单体电压 16：2 950~3 350 mV	
	单体电压 17：2 950~3 350 mV	
	单体电压 18：2 950~3 350 mV	
	单体电压 19：2 950~3 350 mV	
	单体电压 20：2 950~3 350 mV	
	单体电压 21：2 950~3 350 mV	
	单体电压 22：2 950~3 350 mV	
	单体电压 23：2 950~3 350 mV	
	单体电压 24：2 950~3 350 mV	
	单体温度 1：-25~+40 ℃	
	单体温度 2：-25~+40 ℃	
	单体温度 3：-25~+40 ℃	
	单体温度 4：-25~+40 ℃	

续表

作业项目	作业内容	操作记录
恒流充电试验 恒流充电 试验	未选择测试通道	
	未选择指定测试项目	
	未导入 DBC 文件	
	未设置搁置工步	
	未设置搁置截止时间	
	未设置恒流充电工步	
	未设置恒流充电电流	
	未设置恒流充电截止电压	
	未设置全局保护电压上限	
	未设置全局保护电压下限	
	未设置全局保护电流上限	
	未设置全局保护电流下限	
	未设置全局保护功率上限	
	未设置全局保护功率下限	
	未设置全局记录时间间隔	
	未保存工步设置	
	未运行工步	
	未生成报表	
	搁置截止时间：4 s	
	恒流充电电流：10 A	
	恒流充电截止电压：当前电池总电压+1~1.5 V	
	电压：70.8~80.4 V	
	电流：-25~+25 A	
	容量：0~40 A·h	
	总电压：70.8~80.4 V	
	总电流：-25~+25 A	
	SOC：0~100%	
	SOH：0~100%	
	最高单体电压：2 950~3 350 mV	
	最低单体电压：2 950~3 350 mV	
	最高温度：-25~+40 ℃	
	最低温度：-25~+40 ℃	

续表

作业项目	作业内容	操作记录
恒流放电试验 恒流放电 试验	未选择测试通道	
	未选择指定测试项目	
	未导入 DBC 文件	
	未设置搁置工步	
	未设置搁置截止时间	
	未设置恒流放电工步	
	未设置恒流放电电流	
	未设置恒流放电截止电压	
	未设置全局保护电压上限	
	未设置全局保护电压下限	
	未设置全局保护电流上限	
	未设置全局保护电流下限	
	未设置全局保护功率上限	
	未设置全局保护功率下限	
	未设置全局记录时间间隔	
	未保存工步设置	
	未运行工步	
	未生成报表	
	搁置截止时间：4 s	
	恒流放电电流：10 A	
	恒流放电截止电压：当前电池总电压+1~1.5 V	
	电压：70.8~80.4 V	
	电流：−25~+25 A	
	容量：0~40 A·h	
	总电压：70.8~80.4 V	
	总电流：−25~+25 A	
	SOC：0~100%	
	SOH：0~100%	
	最高单体电压：2 950~3 350 mV	
	最低单体电压：2 950~3 350 mV	
	最高温度：−25~+40 ℃	
	最低温度：−25~+40 ℃	

continued续表

作业项目	作业内容	操作记录
恒流恒压 充电试验 恒流恒压 充电试验	未选择测试通道	
	未选择指定测试项目	
	未导入 DBC 文件	
	未设置搁置工步	
	未设置搁置截止时间	
	未设置恒流充电工步	
	未设置恒流充电电流	
	未设置恒流充电截止电压	
	未设置恒压充电工步	
	未设置恒压充电电压	
	未设置恒压充电截止电流	
	未设置全局保护电压上限	
	未设置全局保护电压下限	
	未设置全局保护电流上限	
	未设置全局保护电流下限	
	未设置全局保护功率上限	
	未设置全局保护功率下限	
	未设置全局记录时间间隔	
	未保存工步设置	
	未运行工步	
	未生成报表	
	搁置截止时间：4 s	
	恒流充电电流：10 A	
	恒流充电截止电压：当前电池总电压+1~1.5 V	
	电压：70.8~80.4 V	
	电流：−25~+25 A	
	容量：0~40 A·h	
	总电压：70.8~80.4 V	
	总电流：−25~+25 A	
	SOC：0~100%	
	SOH：0~100%	
	最高单体电压：2 950~3 350 mV	

作业项目	作业内容	操作记录
恒流恒压充电试验	最低单体电压：2 950~3 350 mV	
	最高温度：−25~+40 ℃	
	最低温度：−25~+40 ℃	
恒流恒压放电试验	未选择测试通道	
	未选择指定测试项目	
	未导入 DBC 文件	
	未设置搁置工步	
	未设置搁置截止时间	
	未设置恒流放电工步	
	未设置恒流放电电流	
	未设置恒流放电截止电压	
	未设置恒压放电工步	
	未设置恒压放电电压	
	未设置恒压放电截止电流	
	未设置全局保护电压上限	
	未设置全局保护电压下限	
	未设置全局保护电流上限	
	未设置全局保护电流下限	
	未设置全局保护功率上限	
	未设置全局保护功率下限	
	未设置全局记录时间间隔	
	未保存工步设置	
	未运行工步	
	未生成报表	
	搁置截止时间：4 s	
	恒流放电电流：10 A	
	恒流放电截止电压：当前电池总电压+1~1.5 V	
	电压：70.8~80.4 V	
	电流：−25~+25 A	
	容量：0~40 A·h	
	总电压：70.8~80.4 V	
	总电流：−25~+25 A	

恒流恒压
放电试验

续表

作业项目	作业内容	操作记录
恒流恒压放电试验	SOC：0~100%	
	SOH：0~100%	
	最高单体电压：2 950~3 350 mV	
	最低单体电压：2 950~3 350 mV	
	最高温度：-25~+40 ℃	
	最低温度：-25~+40 ℃	

评价标准

考核内容			考核评分		
项目	内容	配分	得分	批注
工作准备（20分）	能够正确理解工作任务内容、要求	3		
	检查场地、工具设备	5		
	能够正确穿戴防护及劳保用品	5		
	检查各种导线连接状态	7		
执行任务过程（60分）	单体电池参数设定	20		
	恒流充电试验	10		
	恒流放电试验	10		
	恒流恒压充电试验	10		
	恒流恒压放电试验	10		
职业素养（20分）	人身安全、设备安全注意事项	5		
	设备、工量具复位	5		
	清洁、整理工作场地	5		
	工单填写完整、规范	5		

子任务 2　安装动力电池组

1. 任务准备

（1）检查工位设备及安全防护用品，检查高压绝缘手套是否符合标准。

（2）安装车内外防护用品。

（3）穿绝缘鞋。

（4）记录车辆基本信息，车辆识别码、品牌、型号，如图 2.59 所示。

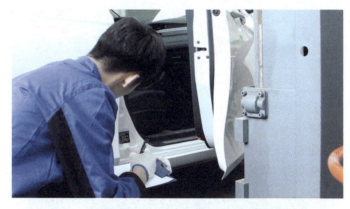

动力电池组
内部电气元
件安装与测试

图 2.59　记录车辆基本信息

警告：监护人及维修人员必须具备国家认可的《特种作业操作证（电工）》与初级（含）以上电工证，严禁无证进行维修操作。

2. 高压系统断电

（1）打开点火开关。

（2）落下驾驶员侧车窗玻璃。

（3）查看仪表信息，如图 2.60 所示。

图 2.60　查看仪表信息

（4）安装故障诊断仪。

（5）读取"BMS 电源管理系统"DTC 故障码并记录，如图 2.61 所示。

图 2.61　读取故障码并记录

（6）关闭点火开关，填写工单。

3. 确认高压系统断电

（1）放置高压作业安全指示牌。

（2）断开动力电池负极电缆，并做好防护，如图 2.62 所示。

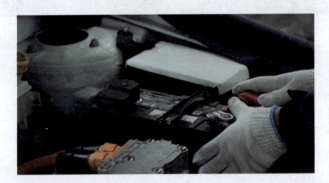

图 2.62　断开动力电池负极电缆

（3）断开动力电池负极 5 min 后，拔下车载充电机端直流母线插头。

（4）用万用表分别测量整车高压回路，如图 2.63 所示。

图 2.63　万用表测量高压回路

4. 拆卸动力电池组

（1）利用车辆举升机的四个支臂，对车辆进行举升作业，将车辆举升到离地面 20～30 cm 时停止举升，检查车辆前后举升点是否正常。举升点正常后继续举升至工作高度，落锁，如图 2.64 所示。举升平台车放置在动力电池组下方。

图 2.64　举升车辆

（2）拆卸动力电池组防撞梁，断开冷却液进水管、出水管的连接，如图 2.65 所示。

图 2.65　断开冷却液进水管和出水管

（3）断开动力电池组高压直流母线插头，并做好防护。断开动力电池组的两个低压线束连接器，拆卸搭铁线螺母，断开搭铁线，如图 2.66 所示。

图 2.66　断开低压线束连接器

（4）拆卸动力电池组防撞梁的固定螺栓。

（5）拆卸动力电池组后部支架的固定螺栓，如图 2.67 所示。

图 2.67　拆卸动力电池组后部支架的固定螺栓

（6）拆卸动力电池组前部的固定螺栓。先用扭力扳手卸力，再使用棘轮扳手拆下。

（7）拆卸动力电池组左右各两边的固定螺栓，如图 2.68 所示。拆卸遵循从后到前，再到左右两边的顺序进行。

图 2.68　拆卸动力电池组的固定螺栓

（8）缓慢下降平台车取出动力电池组，记录动力电池铭牌信息，填写工单，如图 2.69 所示。注意：动力电池组下降过程中平台车缓慢向前移动，可以避免动力电池组与后悬架的干涉。

图 2.69　记录动力电池铭牌信息

5. 安装前检查

（1）检查新电机的铭牌信息与更换的电机铭牌信息是否相同，如图 2.70 所示。

图 2.70　检查新电机的铭牌信息

（2）检查新的驱动电机外观，有无破损、腐蚀等现象，要保持外观完好无损，如图 2.71 所示。

图 2.71　检查新的驱动电机外观

6. 安装动力电池组

（1）安装定位销，缓慢举升平台车，调整平台车位置，使动力电池组上的安装孔与车身对齐，如图 2.72 所示。

图 2.72　调整平台车位置

（2）安装并紧固动力电池组左右两边的固定螺栓，其紧固力矩如表 2.2 所示。同时拆

卸定位销，安装并紧固动力电池组前部 2 个固定螺栓，安装并紧固动力电池组后部 3 个固定螺栓，安装螺栓时遵循从左右到前部，再到后部的顺序。

表 2.2　固定螺栓的紧固力矩

名称	规格	力矩/（N·m）
动力电池组与车身固定螺栓	M10×35	68~88
动力电池组支架固定螺栓	M10×35	68~88

（3）安装车辆电池组防撞梁，移出举升平台车。

（4）安装搭铁线，紧固搭铁线固定螺母，连接动力电池组与前机舱线束的 2 个低压线束连接器，连接动力电池组的 2 个高压线束连接器。

插接时注意"一插、二响、三确认"。

7. 性能检查

（1）打开点火开关，查看仪表信息是否正常，如图 2.73 所示。

图 2.73　查看仪表信息

（2）连接诊断仪，读取"电机控制系统"是否有故障码存储。

（3）确认无故障后关闭点火开关，取出车内防护用品。

（4）升起驾驶员侧车窗玻璃。

（5）收起翼子板布，关闭机舱盖。

（6）收起高压作业维修标志。

（7）整理现场，移交车辆。

任务工单

班级		姓名	
动力电池组拆装		车辆 VIN 码	

1. 填写所认知的动力电池组铭牌相关信息

电池类型		额定电压		峰值功率	
额定功率		工作电压范围		电池组容量	
单体模块连接方式		最大放电电流			

续表

2. 动力电池组拆卸准备工作	
读取并记录故障码	
确认断开高压电	

3. 拆卸动力电池组

（1）断开线路连接	
（2）按拆卸要求顺序拧下所有连接螺栓	
（3）降下动力电池组	

4. 安装动力电池组

（1）安装动力电池组	①动力电池组箱盖螺栓拧紧顺序要求：_____； ②动力电池组与车架连接螺栓紧固力矩：_____。
（2）连接低压导线	
（3）连接高压导线	

评价标准

考核内容			考核评分		
项目	内容	配分	得分	批注	
工作准备 （20分）	能够正确理解工作任务内容、要求	5			
	能够根据汽车铭牌、VIN码、动力电池组铭牌填写相关信息	5			
	检查场地、工具设备	5			
	能够正确穿戴防护及劳保用品	5			
执行任务过程 （60分）	动力电池组拆卸准备工作	10			
	拆卸动力电池组	20			
	安装动力电池组	30			
职业素养 （20分）	人身安全、设备安全注意事项	5			
	设备、工量具复位	5			
	清洁、整理工作场地	5			
	工单填写完整、规范	5			

任务三　认知动力电池组充电系统

线上自主学习

1. 连接确认测试

2. 充电准备就绪测试

3. 起动和充电阶段测试

4. 正常充电结束测试

5. 充电时序测试

6. CC 电阻测试

7. CP 电压测试

8. CP 频率测试

【任务目标】
1. 能描述新能源汽车动力电池组交流充电系统和直流充电系统的基本工作原理。
2. 能描述新能源汽车动力电池组交流充电系统和直流充电系统的组成及结构。
3. 能进行动力电池组交流充电系统和直流充电系统相关电路测量及部件检测。

【任务技能】
1. 能识读新能源汽车交流充电系统和直流充电系统电路图。
2. 能正确测量新能源汽车交流充电系统和直流充电系统部件及相关电路。

【任务素质】
1. 具有理论联系实践的能力，养成良好的学习方法。
2. 培养一丝不苟、严谨细致的工作态度。
3. 引导学生具备循序渐进的学习和工作能力。
4. 强化质量意识和服务意识。

 **相关知识**

子任务1 分析交流充电控制电路

一、交流充电系统概述

如同传统燃油汽车需要添加燃料一样，电动汽车在使用过程中也需要补充电能以实现汽车的驱动。根据电动汽车充电方式的不同，电动汽车分为换电式和充电式两种。具备外接充电口的充电式电动汽车需要借助相关的设备对动力电池补充电能。

交流充电系统使用交流 220 V 单相民用电，通过整流变换，将交流电转换为高压直流电给动力电池进行供电。交流充电系统主要部件包括供电设备（电缆保护盒、充电桩及充电线等）、交流充电口、车内高压线束、高压配电盒、车载充电机、动力电池、整车控制器和低压控制线束等，如图 2.74 所示。

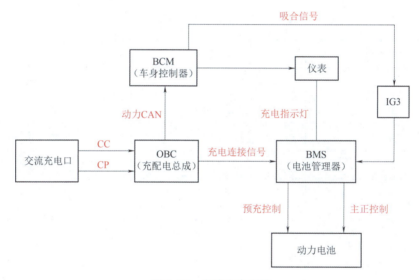

图 2.74 交流充电系统

二、交流充电系统部件

1. 交流充电枪

交流充电口安装在车上左前翼子板上，充电时，根据选择的充电类型，将交流充电枪插头插到相应的充电插座，连接正确后开始充电。充电口连接后形成检测回路，当出现连接故障时，系统可以检测该故障。帝豪 EV450 将直流和交流两种充电口分别安置在左侧前后的翼子板处，前面的是带有指示灯的 6.6 kW 慢充口，绿色灯光代表充电完成，白色灯光代表照明，红色灯光代表充电故障，蓝色灯光代表放电。帝豪 EV450 车载充电口及充电口灯光指示信息如图 2.75 所示。

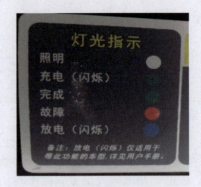

图 2.75　帝豪 EV450 车载充电口及充电口灯光指示信息

1）充电指示灯

充电指示灯：位于车辆充电口上方，用于指示不同的充电状态，其功能定义如表 2.3 所示。任意电源挡位，当 BCM 收到 BMS 的充电状态信息时，驱动充电指示灯工作，显示充电状态。

表 2.3　充电指示灯的功能定义

指示灯颜色	动作	功能定义
—	熄灭	未充电
黄	常亮 2 min	充电准备（暂停）
黄	闪烁（1 Hz）	加热（预留）
绿	闪烁（1 Hz）	充电过程
蓝	常亮 2 min	预约充电
绿	常亮 2 min	充电完成
红	常亮 2 min	充电故障
蓝	闪烁（1 Hz）	放电过程（预留）

2）交流充电口触头电气参数及功能定义

交流充电口触头如图 2.76 所示，其电气参数及功能定义如表 2.4 所示。

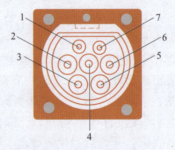

图 2.76　交流充电口触头

表 2.4　交流充电口触头的电气参数及功能定义

触头编号/标识	额定电压和额定电流	功能定义
1—（CP）	30 V 2 A	控制确认
2—（N）	250/440 V 16/32 A	中线
3—（L3）	—	备用触头
4—（PE）	—	保护接地，连接供电设备地线和车辆车身地线
5—（L2）	—	备用触头
6—（L1）	250/440 V 16/32 A	交流电源
7—（CC）	30 V 2 A	充电连接确认

2. 车载充电机

车载充电机采用高频开关电源技术，主要功能是将交流电转换为高压直流电给动力电池进行充电，保证车辆正常行驶。同时车载充电机提供相应的保护功能，包括过压、欠压、过流、欠流等多种保护措施，当充电系统出现异常会及时切断供电。车载充电机将输入的交流电转换成直流电输出，工作过程需要与充电桩、BMS、VCU 进行通信，同时根据动力电池需求可调节输出功率。帝豪 EV450 车载充电机与分线盒是一体化设计，如图 2.77 所示。

（a）　　　　　　　　　　　　（b）

图 2.77　帝豪 EV450 车载充电机及分线盒

（a）外观；（b）内部结构

1）车载充电机的组成

车载充电机内部可分为三部分：主电路、控制电路、线束及标准件。帝豪 EV450 车载充电机内部结构如图 2.78 所示。

（1）主电路：前端将交流电转换为恒定电压的直流电，主要是全桥电路+PFC 电路。后端为 DC/DC 变换器，将前端转出的直流高压电转换为合适的电压及电流供给动力电池。

（2）控制电路作用：控制 MOS 管的开关，与 BMS 之间通信，监测充电机状态，与充电桩连接等功能。

图 2.78　帝豪 EV450 车载充电机内部结构

（3）线束及标准件：用于主电路及控制电路的连接，固定元器件及电路板。

2）车载充电机的工作特性

（1）根据电池特性设计充电的曲线，可以延长电池的使用寿命。

（2）使用方便、维护简单，单独对 BMS 进行供电，由 BMS 控制智能充电，无须人工值守。

（3）保护功能齐全，适用范围广，具有过压、欠压、过流、过热、输出短路、反接等保护功能。

（4）整机温度保护为 75 ℃，当机内温度高于 75 ℃时，充电机输出电流变小；当机内温度高于 85 ℃时，充电机停止输出。

3）车载充电机低压部分

纯电动汽车充电系统的低压部分主要用于低压供电及控制信号。

（1）低压 12 V 模块供电：供充电过程中 BMS、VCU、仪表等用电。

（2）CAN 通信：BMS 通过 CAN 通信控制车载充电机工作状态。

（3）充电口相关低压部分：CC 信号检测充电线可耐受的电流、CP 信号受电网控制充电机最大功率。

（4）DC/DC 变换器低压部分：通过控制 DC/DC 变换器开关机，提供 12 V 整车低压系统用电。

12 V 整车低压系统电气原理框图如图 2.79 所示。

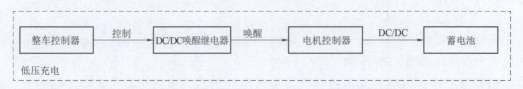

图 2.79　12 V 整车低压系统电气原理框图

4）车载充电机的功能描述

充电功能：通过家用插头和交流充电桩接入交流充电口，通过车载充电机将家用

220 V 交流电转为直流高压电给动力电池进行充电。

保护功能：车载充电机具有保护功能，如接地、断电、短路、过欠压、过流、过温、低压输入反接等。

冷却方式：车载充电机冷却方式为水冷，冷却液温度为−40~85 ℃（65 ℃满功率），车载充电机应能正常工作。

唤醒方式：充电机唤醒方式为 CC/CP/CAN 网络唤醒。

CAN 通信：车载充电机与整车其他控制模块通过 CAN 通信进行交互，被动执行 BMS 的充电控制指令实现充电功能。

互锁检测：车载充电机具备高压互锁检测功能，将充电机插接件互锁信号提供给整车检测。

插座温度检测：车载充电机通过温度传感器检测交流充电插座的实时温度并上报给整车，实现交流插座过温保护功能。

放电功能：将动力电池直流电通过车载充电机转换为交流电，通过交流充电口利用放电插排对外输出（不分车辆电源挡位）。

加热功能：电池组温度在−20 ℃以下，车载充电机可以在电池组继电器触点闭合之前，稳定地通过电加热器给电池组加热。当电池组温度达到−18 ℃，电池组继电器触点闭合，自动跳转至充电状态。

3. 充电锁功能

为防止车辆充电过程中充电枪丢失，车辆具有充电锁，如图 2.80 所示。充电枪插入充电口后，只要驾驶员按下智能钥匙闭锁按钮，充电枪防盗功能将开启，BCM 收到智能钥匙的闭锁信号后通过 CAN 总线将该信号传递到 OBC（车载充电机），OBC 将控制充电枪锁止电机锁止充电枪，此时充电枪无法拔出。如要拔出充电枪，需先按下智能钥匙解锁按钮，解锁充电枪。

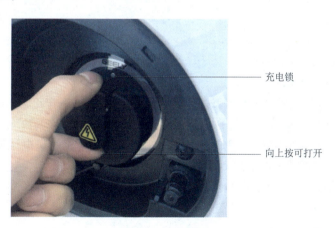

充电锁

向上按可打开

图 2.80　充电锁

注意：车辆处于充电状态时，若不主动结束充电，充电枪不能直接拔下。如果电动解锁失效，可通过机舱左前大灯附近的机械解锁拉索解锁。

智能钥匙解锁示意图如图 2.81 所示。

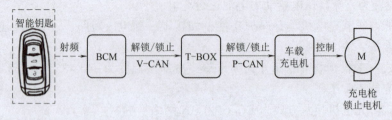

图 2.81　智能钥匙解锁示意图

4. 充电系统工作原理

交流充电系统是纯电动汽车的核心，动力电池的充电过程由 BMS 进行控制及保护。车载充电机工作状态及指令均由 BMS 发出的指令进行控制，包括工作模式指令、动力电池允许最大电压、充电允许最大电流、加热状态电流值。

交流充电系统原理示意图如图 2.82 所示。

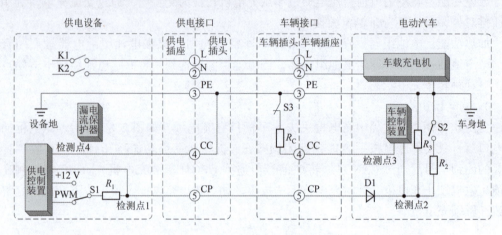

图 2.82　交流充电系统原理示意图

1）交流充电模式的充电条件

（1）充电线连接确认信号正常。

（2）充电机供电电源正常（含 220 V 和 12 V）及充电机工作正常。

（3）充电唤醒信号输出正常（12 V）。

（4）充电机、VCU、BMS 之间通信正常（主继电器闭合、发送电流强度需求）。

（5）0 ℃ <动力电池电芯温度<45 ℃。

（6）单体电池最高电压与最低电压差<0.3 V（300 mV）。

（7）单体电池最高温度与最低温度差<15 ℃。

（8）绝缘性能> 500 Ω/1 V。

（9）实际单体最高电压不大于额定单体电压 0.4 V。

（10）高、低压电路连接正常（远程控制开关关闭状态）。

提示：交流充电设备用电功率不能超过家庭电网的负载上限，避免引起电网损坏或烧毁。

2）交流充电系统工作原理

当车辆处于交流充电模式下，车载充电机检测交流充电口的 CC、CP 信号（充电枪插入、导通信号）并唤醒 BMS，BMS 唤醒车载充电机并发送指令充电，同时闭合主继电器，动力电池开始充电，如图 2.83 所示。

充电时间：预估 13~14 h 可充满。

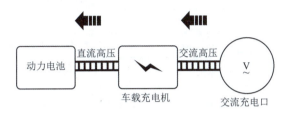

图 2.83　交流充电系统工作原理

3）充电 CC/CP 定义及逻辑

CC 检测：通过对接入电路（接地）的检测来判断 CC 是否连接，如检测到接地则认为 CC 已经连接。

CP 检测：当充电枪连接后通过 CP 检测线传入的信号，可以得出该充电机允许的最大 AC 输入电流。

OFF 挡或 ACC 挡时，当充电枪插入后，CC 检测由悬空变为接地（如果辅助控制模块处于睡眠状态，则 CC 检测唤醒辅助控制模块），通过硬线唤醒 BMS（持续高电平），确认 CC 连接后辅助控制模块进行 CP 检测，待辅助控制模块检测到 CAN Bus 上有来自 VCU 的报文时，将 CC、CP 状态及检测结果发送到 CAN Bus 上，待辅助控制模块检测到 VCU 转发的高压系统故障无故障之后，闭合 S2；ON 挡时，当充电枪插入后，CC 检测由悬空变为接地，确认 CC 连接后辅助控制模块进行 CP 检测，将 CC、CP 状态及检测结果发送到 CAN Bus 上，待辅助控制模块检测到 VCU 发送的高压系统无故障（0x115 14）之后，闭合充电桩交流输出开关。

4）CC、CP 信号对比

CC 信号判断充电枪电缆允许充电电流，如表 2.5 所示。

表 2.5　CC 信号数据

电阻	对应的充电电缆允许充电电流	备注
1.4~1.6 kΩ	10 A	随车充电盒
580~780 Ω	16 A	3.3 kW 充电桩
180~260 Ω	32 A	7 kW 充电桩
60~140 Ω	63 A	三相交流充电桩
2 kΩ	放电功能	放电功率 3.3 kW

CP 信号判断充电柜最大输出电流，如表 2.6 所示。

表 2.6　充电柜最大输出电流

PWM	占空比 D 最大充电电流 I_{max}/A
$D<3\%$	不允许充电
$3\%\leq D\leq 7\%$	5%的占空比表示需要数字通信，且需再充电
$7\%<D<8\%$	不允许充电
$8\%\leq D<10\%$	$I_{max}=6$
$10\%\leq D\leq 85\%$	$I_{max}=(D\times100)\times0.6$
$85\%<D\leq 90\%$	$I_{max}=(D\times100-64)\times2.5$ 且 $I_{max}\leq63$
$90\%<D\leq 97\%$	预留
$D>97\%$	

三、新能源汽车交流充电系统控制电路分析

图 2.84 所示为比亚迪秦新能源汽车交流充电系统控制电路。

（1）插上充电枪后，交流充电口通过 CC 与 OBC 进行线路连接完好性的确认，再通过 CP 检测线传入 PWM 信号，从而可以得出该充电机允许的最大输入电流及 CP 信号，充配电总成发出充电感应信号后传至 BCM。

（2）BCM 控制仪表配电盒 IG1 继电器吸合，发出一个充电指示灯的信号至仪表。同时使 IG3 继电器吸合，使 BMS 得到 IG3 双路电（点火开关电源）。

（3）BMS 进行系统自检，确认电池包内动力电池组的荷电状态无故障。

（4）接着 BMS 发出指令，使预充接触器吸合。

（5）预充完成后，主正接触器吸合，断开预充接触器。

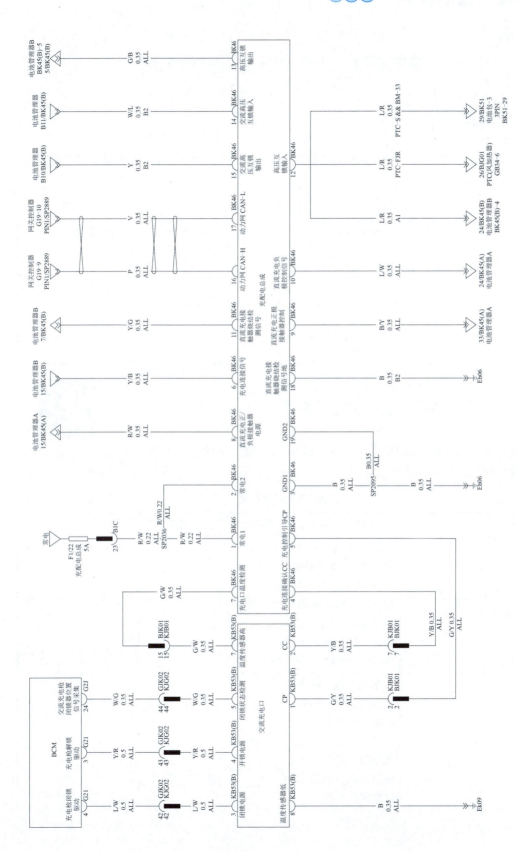

图 2.84 比亚迪秦新能源汽车交流充电系统控制电路

子任务 2 测量交流充电控制电路

一、充电枪测量

包括充电枪 CC 端子与 PE 之间电阻测量、CP 与 PE 之间输出电压测量，测量结果填入表 2.7。

表 2.7 测量结果

序号	任务	测量条件及方法	测量设备	实际测量结果	正常标准值	结论
1	CC 与 PE 之间电阻	用万用表测量充电枪 CC 与 PE 之间电阻值	万用表			
2	CP 与 PE 之间电压（充电枪插上交流电插座）	用万用表对地测量 CP 信号线在充电状态下的电压值	万用表			

二、新能源汽车交流充电插座测量

包括温度传感器电阻测量、闭锁电机电阻测量、闭锁状态检测信号等项目，测量结果填入表 2.8。

充电枪的认知

表 2.8 测量结果

序号	任务	测量条件及方法	测量设备	实际测量结果	正常标准值	结论
1	温度传感器电阻测量	车辆下电，断开测量元件的线束插头，在该线路不带电的情况下，万用表电阻挡测量温度传感器元件电阻，挡位由最大挡依次降挡测量	万用表			
2	闭锁电机电阻测量	车辆下电，断开测量元件的线束插头，在该线路不带电的情况下，万用表电阻挡测量温度传感器元件电阻，挡位由最大挡依次降挡测量	万用表			

序号	任务	测量条件及方法	测量设备	实际测量结果	正常标准值	结论
3	闭锁状态检测信号	万用表或示波器在三种条件下，对地测量闭锁状态信号线电压或波形。 （1）充电枪未插枪	万用表或示波器			
		（2）充电枪插入并锁车（充电口锁止电机锁止）	万用表或示波器			
		（3）充电枪插入解锁车辆或按下充电枪上的解锁按钮（充电口锁止电机解锁）	万用表或示波器			

三、测量波形

测量充电枪 CP 插入瞬间波形并画在下面作图区，要求标清周期、电压幅值。

评价标准

考核内容			考核评分		
项目	内容	配分	得分	批注	
工作准备 （20分）	能够正确理解工作任务内容、要求	5			
	能够根据汽车铭牌、VIN 码、动力电池组铭牌填写相关信息	5			
	检查场地、工具设备	5			
	能够正确穿戴防护及劳保用品	5			
执行任务过程 （60分）	充电枪测量	10			
	交流充电插座测量	20			
	测量并画出波形	30			
职业素养 （20分）	人身安全、设备安全注意事项	5			
	设备、工量具复位	5			
	清洁、整理工作场地	5			
	工单填写完整、规范	5			

子任务 3 分析直流充电控制电路

一、直流充电系统概述

直流充电系统一般使用工业 380 V 的三相四线电，通过功率变换后，直接将高压大电流通过母线给动力电池进行充电。直流充电系统主要部件包括电源设备（快充桩）、直流快充接口、车内高压线束、高压配电盒、动力电池等。

直流充电系统，属于非车载充电机完成的交直流转换，充电功率较大，从几十千瓦到上百千瓦，充电时间可从 10 min（直流快充）到 6 h（直流普通充电），在当前电池技术性能下，直流快充仅可作为电动汽车充电的应急补充。直流充电系统构成简图如图 2.85 所示。

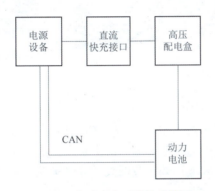

图 2.85 直流充电系统构成简图

纯电动汽车直流充电方法一般分为两种：直流充电桩直接为电动汽车动力电池充电和 DC/DC 将动力电池的高压直流电转换为整车低压 12 V 直流电，给整车低压用电系统供电及蓄电池充电，如图 2.86 所示。

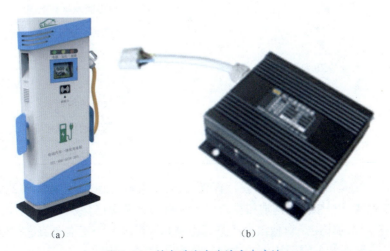

（a） （b）

图 2.86 纯电动汽车直流充电方法

二、直流充电桩

1. 直流充电桩概述

直流充电桩：指采用直流充电模式为电动汽车动力电池总成进行充电的充电桩，如图 2.87 所示。直流充电模式是以充电桩输出的可控直流电源直接对动力电池总成进行充电的模式。

图 2.87　直流充电桩

直流充电桩的输入电压采用三相四线 AC 380（1±15%）V，频率 50 Hz，输出为可调直流电，直接为电动汽车的动力电池充电。由于直流充电桩采用三相四线制供电，可以提供足够的功率，输出的电压和电流调整范围大，可以实现快充的要求。

2. 直流充电桩的结构组成

快充充电机为模块化设计，充电桩组成如表 2.9 所示。

表 2.9　充电桩组成

	整流电路
	调整控制及保护电路
	功率因数校正网络
直流充电桩结构组成	辅助电路
	充电机控制管理单元（CPU）
	人机接口单元
	远程通信单元
	电能计量单元

（1）整流电路是由交流整流滤波、直流（DC）/直流（DC）变换器等元器件组成的，其作用是从单相或三相交流电网取得交流电，并将其转换为符合要求的直流电。

（2）调整电路的作用是对输出电压进行检测和取样，并与基准定值进行比较，从而控制高频开关功率管的开关时间比例，达到调节输出电压的目的。

（3）功率因数校正网络功能是通过控制过程，使输入电流波形跟踪正弦基波电流，且相位与输入电压相同，以保持输出电压稳定和功率因数接近于 1.0。

（4）控制管理单元（CPU）为充电机的顶层控制系统。充电机在充电操作时，控制管理单元接收人工输入或其他设备的控制指令，控制驱动脉动生成系统的启动与停止，从而控制充电机的启动与停机，并可将充电机的运行数据进行显示或传输给上层监控计算机。

3. 直流充电桩工作原理

三相 380 V 交流电源经过整流滤波转换成直流输入电压，供给 IGBT 桥。单片机通过驱动电路使功率开关 IGBT 工作，把直流输入电压转换成脉宽调制的交流电压，然后由高频变压器变压隔离，最后通过输出整流滤波得到直流，进而对动力电池充电。

通过可控的电流电压反馈回路改变充电电流和充电电压，通过检测电池的端电压、充电电流以便单片机进行决策。辅助电路提供器件工作电源，而保护电路（过流、过压、过温）可以保证系统安全、可靠工作。同时通过单片机来显示电量、时间等数据，如图 2.88 所示。

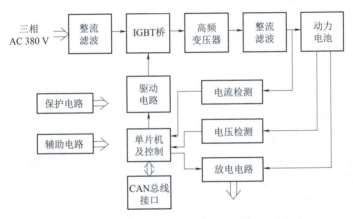

图 2.88　直流充电桩工作原理

4. 直流充电桩的主要参数（表 2.10）

表 2.10　直流充电桩的主要参数

内容	技术指标
额定输出电压	DC 750 V（200~750 V）
额定输出电流	DC 100/250/400 A
输出稳压精度	≤±0.5%
输出稳流精度	≤±1%
功率因数	≥0.99（含 APFC）
效率	≥93%（半载以上）

三、直流充电模式工作原理

1. 直流充电模式控制原理简图（图 2.89）

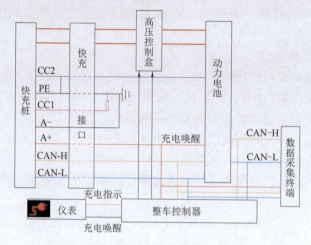

图 2.89　直流充电模式控制原理简图

2. 直流模式的充电条件

（1）充电线连接确认信号正常。

（2）BMS 供电电源正常（12 V）。

（3）充电唤醒信号输出正常（12 V）。

（4）充电桩、VCU、BMS 之间通信正常（主继电器闭合、发送电流强度需求）。

（5）5 ℃<动力电池电芯温度 <45 ℃。

（6）单体电池最高电压与最低电压差<0.3 V（300 mV）。

（7）单体电池最高温度与最低温度差<15 ℃。

（8）绝缘性能> 500 Ω/1 V。

（9）实际单体电池最高电压不大于额定单体电池电压 0.4 V。

（10）高低压电路连接正常（远程开关在关闭状态）。

3. 直流充电口定义

直流充电口及其定义如图 2.90 所示。

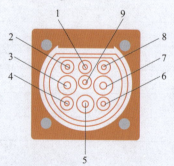

图 2.90　直流充电口及其定义

序号	端子	定义
1	CC2	充电控制确认
2	S−	通信线
3	DC−	直流高压输入负极
4	A−	充电唤醒负极
5	PE	接地点
6	A+	充电唤醒正极
7	DC+	直流高压输入正极
8	S+	通信线
9	CC1	充电连接确认

图 2.90　直流充电口及其定义（续）

四、新能源汽车直流充电控制电路

新能源汽车直流充电控制电路如图 2.91 所示，线束连接器如表 2.11 所示。

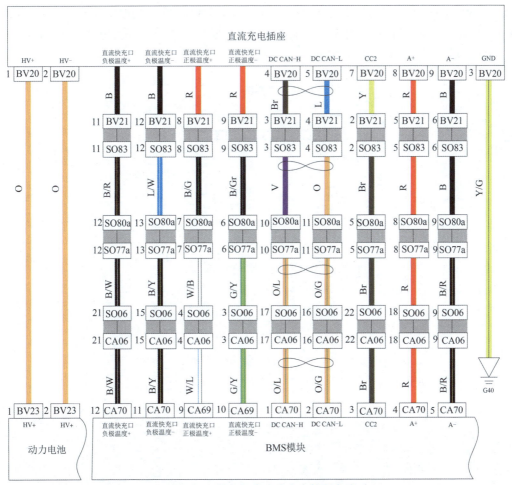

图 2.91　新能源汽车直流充电控制电路

表 2.11　线束连接器

线束连接器	名称
BV20	直流充电插座线束连接器
BV21	接低压线束连接器（直流1）
BV23	接动力电池线束连接器2
CA06	前机舱线束接底板线束连接器
CA69	BMS模块线束连接器A
CA70	BMS模块线束连接器B
SO06	底板线束接前机舱线束连接器
SO77a	底板线束对接左EPB卡钳线束连接器
SO80a	左EPB卡钳线束对接底板线束连接器
SO83	接直流充电插座线束连接器

当直流充电设备接口连接到整车直流充电口，直流充电设备发送充电唤醒信号给BMS，BMS根据动力电池的可充电功率，向直流充电设备发送充电电流指令，如图 2.92 所示。同时，BMS吸合系统高压正极继电器和高压负极继电器，动力电池开始充电。

充电时间：48 min 可充电 80%。

图 2.92　直流充电系统工作原理

任务四　诊断与排除动力电池组常见故障

【任务目标】

　　1. 掌握动力电池系统、充电系统装配过程中常见问题类型。

　　2. 掌握动力电池系统、充电系统数据流和故障码含义。

　　3. 掌握动力电池系统、充电系统常见故障的排除方法。

【任务技能】

　　1. 能使用故障诊断仪对动力电池系统、充电系统进行数据流读取。

　　2. 能使用故障诊断仪、数字万用表、绝缘测试仪对驱动系统进行故障诊断。

　　3. 能排除动力电池系统、充电系统常见故障。

【任务素质】

　　1. 培养理论联系实际的能力。

　　2. 培养提出问题、分析问题和解决问题的能力。

　　3. 培养独立思考、专注细致、精益求精的精神。

动力电池组故障检测流程

 相关知识

子任务 1　读取动力电池数据流及故障码

一、读取数据流

解码器进入车辆计算机模块读取相应的数据流可以查看车辆当前相应的数据以及判断车辆是否存在故障。比亚迪秦 EV（2020 款）纯电动汽车读取上电状态下的常见动力电池组数据流并填入表 2.12。

表 2.12　常见动力电池组数据流

序号	名称	值	单位
1	预充接触器状态		
2	负极接触器状态		
3	主接触器状态		
4	充电感应信号-直流		
5	充电感应信号-交流		
6	绝缘电阻阻值		
7	最高单体电池电压		
8	最低单体电池电压		
9	高压互锁 2		
10	高压互锁 1		
11	电池组当前总电压		
12	电池组当前总电流		
13	最低温度		
14	最高温度		

二、故障码的作用

当车辆状态触发故障码出现的条件时，相应的模块就会报出相应的故障码，方便维修人员快速判断出故障所在位置，以下是比亚迪秦 EV（2020 款）纯电动汽车上常见的动力电池组故障码，查阅相关资料填写相应故障码的含义于表 2.13。

表 2.13　故障码的含义

序号	故障码	含义
1	P1A0000	
2	P1A0100	
3	P1A3400	
4	P1A3522	
5	P1A3622	
6	P1A3721	
7	P1A3922	
8	P1A3A22	
9	P1A3B21	
10	P1A3C00	
11	P1A3D00	
12	P1A3E00	
13	P1A3F00	
14	P1A4000	
15	P1A4800	
16	P1A4C00	
17	P1A4D04	
18	P1A5B00	
19	P1A6000	
20	P1AC200	
21	P1A5500	
22	P1A5600	

三、写故障原因

将故障码 P1A4C00 对应的故障原因及故障诊断流程填入表 2.14。

表 2.14　故障码 P1A4C00 对应的故障原因及故障诊断流程

序号	项目	内容
1	P1A4C00 故障码的含义	
2	故障可能原因	
3	故障诊断流程	

评价标准

考核内容			考核评分		
项目	内容	配分	得分	批注	
工作准备 （20分）	能够正确理解工作任务内容、要求	5			
	检查场地、工具设备	8			
	能够正确穿戴防护及劳保用品	7			
执行任务过程 （60分）	填写动力电池组常用数据流	10			
	查阅维修资料，描述相关故障码的含义	20			
	写出某个故障码对应的故障原因及诊断流程	30			
职业素养 （20分）	人身安全、设备安全注意事项	5			
	设备、工量具复位	5			
	清洁、整理工作场地	5			
	工单填写完整、规范	5			

子任务 2   诊断与排除动力电池组常见故障

一、新能源汽车动力电池组常见故障原因分析

　　根据新能源汽车动力电池组上电控制逻辑，导致动力电池组产生故障的常见原因有动力电池组低压相关电路、动力电池组外部连接高压相关电路、动力电池组绝缘性能、总正/总负继电器等内部控制器件及线路（包括温度、电压、电流监控器件）、动力电池组电子控制器。

二、故障诊断流程

吉利帝豪 EV450 BMS 供电故障检修

　　（1）点火开关 ON 状态，做以下检查：
　　①仪表显示是否正常（动力电池存电量、挡位指示灯是否点亮）。
　　②上电是否正常（READY 灯是否点亮）。
　　（2）接上故障检测仪，读取与动力电池组相关故障码、数据流；如果无法进入动力电池系统读取故障码和数据流，则立即检查相应控制模块的电源正负极电路、相应的 CAN Bus 网络系统。
　　（3）根据故障码和数据流提示，利用数字万用表、钳形电流表、示波器对相关部件及线路进行故障检测，并记录相关的检测数据。
　　（4）根据检测结果确认故障原因，排除故障，分析故障机理。

三、根据故障检测过程填写作业记录单

　　1. 前期准备（表 2.15）

表 2.15　前期准备

作业项目	作业内容	备注
前期准备	□ 安装车轮挡块，设置隔离栏和警示牌； □ 检查绝缘手套、护目镜、安全帽； □ 穿绝缘鞋并检查外观是否破损； □ 佩戴护目镜、安全帽； □ 检查工具（绝缘检测仪、万用表、绝缘垫）	开始诊断前做好安全防护，并检查工量具是否完好

　　2. 车辆铭牌信息记录（表 2.16）

表 2.16　车辆铭牌信息记录

作业项目	信息记录
整车型号	

作业项目	信息记录
动力电池组工作电压	
动力电池组电池容量	
车辆识别代码	
电机型号	
里程表读数	

3. 故障诊断排故过程（表 2.17）

表 2.17　故障诊断排故过程

作业项目	作业内容	备注
故障现象确认		确认故障症状并记录症状现象
模块通信状态及故障码、相关数据流检查		
分析故障原因		
测量步骤、方法、结果		
确定故障		
故障排除方法		

续表

作业项目	作业内容	备注
维修后确认车辆是否正常	<table><tr><td>检查项目</td><td></td></tr><tr><td>仪表指示灯显示</td><td>□ 正常　□ 不正常</td></tr><tr><td>OK/READY 灯</td><td>□ 点亮　□ 不亮</td></tr><tr><td>故障码</td><td>□ 无　□ 有 DTC：_____</td></tr></table>	
5S 管理	□ 拆卸翼子板布和前格栅布； □ 拆卸一次性座椅套、地板垫、转向盘套并投入垃圾桶； □ 清洁车身； □ 清洁整理工具、检测设备； □ 清洁工位、场地	

评价标准

考核内容		考核评分		
项目	内容	配分	得分	批注
工作准备（20分）	能够正确理解工作任务内容、要求	5		
	检查场地、工具设备	5		
	能够正确穿戴防护及劳保用品	5		
	车辆铭牌信息记录	5		
执行任务过程（60分）	故障现象确认	5		
	读取故障码、数据流	5		
	分析故障原因	10		
	测量步骤、方法、结果	20		
	确定故障	10		
	排除故障	5		
	维修后确认车辆是否正常	5		
职业素养（20分）	人身安全、设备安全注意事项	5		
	设备、工量具复位	5		
	清洁、整理工作场地	5		
	工单填写完整、规范	5		

模块小结

1. 目前单体电池常见形状类型主要有圆柱形、方形及软包装等三种，单体电池之间常用的连接方式为激光焊接。

2. 动力电池组一般由动力电池模块、结构系统、电气系统、热管理系统、BMS（电池管理系统）等五部分组成，输出直流电压通常在 240~420 V。

3. 电池管理系统（Battery Management System，BMS）用来对动力电池组进行安全监控及有效管理，提高动力电池的使用效率，达到增加续航里程、延长其使用寿命、降低运行成本的目的。系统主要包括数据采集单元、计算以及控制单元、均衡单元、控制执行单元和通信单元。电池管理系统的主要功能包括数据采集、状态估计、热管理、数据通信与显示、安全管理、能量管理和故障诊断等方面。

4. 动力电池功能测试主要包括单体电池参数设置、恒流充电性能测试、恒流放电性能测试、恒流恒压充电性能测试、恒流恒压放电性能测试。

5. 动力电池组拆卸、安装时应注意以下事项：

（1）注意车辆举升安全，规范使用举升机。

（2）拆动力电池组前要读取相关的数据流和故障码，掌握动力电池组的性能状态；并做好高压电断电及验电工作，以确保安全。

（3）拆动力电池组前要排放干净动力电池冷却液并注意清洁地面，防止摔伤。

（4）按规定顺序拆下动力电池组与车架的连接螺栓、动力电池组箱盖与箱体之间的连接螺栓。

（5）安装动力电池组前要核对动力电池组铭牌信息，确保配件准确。

（6）按先拆后装、后拆先装顺序把动力电池组安装到车架上，一定要按规定力矩和顺序拧紧相关连接螺栓。

（7）动力电池组安装完成后，一定要注意观察仪表显示是否正常并用检测仪读取动力电池组数据流和故障码，确保动力电池组性能正常。

6. 交流充电系统使用交流 220 V 单相民用电，通过整流变换，将交流电变换为高压直流电给动力电池进行供电。交流充电系统主要部件包括供电设备（电缆保护盒、充电桩及充电线等）、交流充电口、车内高压线束、高压配电盒、车载充电机、动力电池、整车控制器和低压控制线束等。

7. 直流充电系统一般使用工业 380 V 的三相四线电，通过功率变换后，直接将高压大电流通过母线给动力电池进行充电。直流充电系统主要部件包括电源设备（快充桩）、直流快充接口、车内高压线束、高压配电盒、动力电池等。

模块 三

新能源汽车动力驱动系统装配与调试

【知识目标】

1. 掌握驱动系统基本知识。

2. 掌握驱动电机拆装、调试及检测方法。

3. 掌握驱动系统常见故障的排除方法。

【技能目标】

1. 能正确分析驱动系统电路并进行检测。

2. 能按照正确流程和标准拆装、调试及检测驱动电机。

3. 能使用故障诊断仪、数字万用表、绝缘测试仪等专用设备对驱动系统进行故障诊断及排除。

【素质目标】

1. 培养团队合作、科技报国的家国情怀和使命担当。

2. 培养树立正确的科技价值观，建立民族自信心。

3. 培养提出问题、分析问题和解决问题的能力。

任务一 认知驱动系统

线上自学材料

1. 国标

2. 电机原理

3. 电气原理图

4. 装配工艺图

5. 旋变装配与测试

【任务目标】

1. 掌握驱动系统的基本组成。

2. 掌握驱动系统各部件的作用。

3. 掌握驱动系统的工作原理。

【任务技能】

1. 能正确识读驱动系统电路并进行简单分析。

2. 能对驱动系统电路进行检测。

【任务素质】

1. 培养团队合作、科技报国的家国情怀和使命担当。

2. 培养树立正确的科技价值观，建立民族自信心。

3. 培养提出问题、分析问题和解决问题的能力。

相关知识

子任务 1　认知驱动系统基本知识

驱动系统是纯电动汽车三大核心部件之一，是电动汽车的动力来源。驱动系统是直接将电能转换为机械能的部分，决定了电动汽车的性能指标。驱动系统由驱动电机、电机控制器（MCU）构成，通过高低压线束、冷却管路，与整车其他系统做电气和散热连接。

一、驱动系统的组成

电动汽车的驱动系统主要由驱动电机、电机控制器、减速器、电机冷却系统等组成，整体布局如图 3.1、图 3.2 所示。驱动电机工作带动车轮旋转的动力传动路径为：驱动电机→减速器→半轴→车轮。

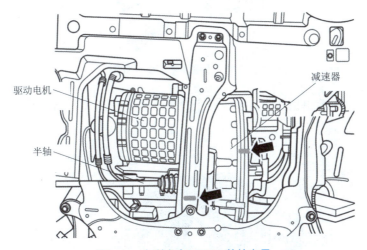

图 3.1　吉利帝豪 EV300 前舱布局

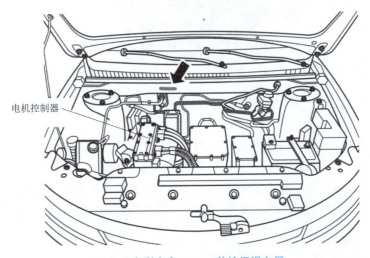

图 3.2　吉利帝豪 EV300 前舱仰视布局

1. 驱动电机

1）永磁同步电机

目前，单电机的电动汽车上常采用永磁同步电机，是一种典型的驱动电机，具有效率高、体积小、可靠性高等优点，是动力系统的执行机构，是电能转换为机械能的载体，如图 3.3 所示。它依靠内置旋转变压器、温度传感器来提供电机的工作状态信息，并将电机运行状态信息实时发送给电机控制器。

图 3.3　永磁同步电机示意图

永磁同步电机主要由机座、定子、转子、转子位置传感器（旋变传感器）、端盖等组成，如图 3.4 所示。

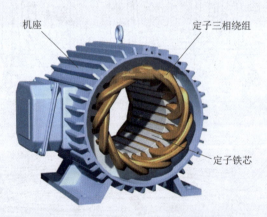

机座　　　　　　　　　　　　定子三相绕组

定子铁芯

图 3.4　永磁同步电机分解示意图

（1）定子。

定子主要由漆包线圈和铁芯组成，如图 3.5 所示。定子铁芯固定在机座上，机座外面有散热筋（散热片）帮助定子散热，机座由铸铁或铸钢铸造。定子铁芯一般采用 0.5 mm 厚硅钢冲片叠压而成，对于具有高效率指标或频率较高的电动机，为了减少铁耗，可以考虑低损耗冷轧无取向硅钢片。定子绕组常采用分布短距绕组，为减小杂散损耗，常采用星形接法。

图 3.5　定子示意图

（2）转子。

永磁同步电动机与普通异步电动机的不同是转子结构，转子上安装有永磁体磁极，永磁体在转子中的布置位置有多种，下面介绍几种主要形式。

永磁体转子铁芯仍需用硅钢片叠成，如图 3.6 所示，因为永磁同步电动机基本都采用逆变器电源驱动，即使产生正弦波的变频器输出都含有高频谐波，若用整体钢材会产生涡流损耗。

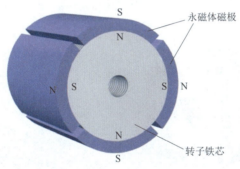

图 3.6　转子示意图

第一种形式：如图 3.7（a）所示，是一个安装有永磁体磁极的 4 极转子，永磁体磁极安装在转子铁芯圆周表面上，称为表面凸出式永磁转子。

第二种形式：如图 3.7（b）所示，是另一种安装有永磁体磁极的 4 极转子，永磁体磁极嵌装在转子铁芯表面，称为表面嵌入式永磁转子。

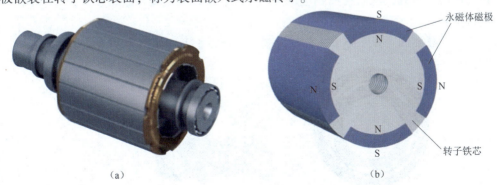

（a）　　　　　　　　　　　　　　　　（b）

图 3.7　安装永磁体磁极的转子示意图

（a）表面凸出式永磁转子；（b）表面嵌入式永磁转子

第三种形式：在较大的电机用得较多，是在转子内部嵌入永磁体，称为内埋式永磁转子（或称为内置式永磁转子或内嵌式永磁转子），永磁体嵌装在转子铁芯内部，铁芯内开有安装永磁体的槽，其布置方式如图 3.8 所示。在每一种形式中又有采用多层永磁体进行组合的方式。

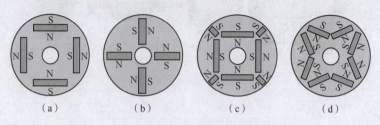

图 3.8　内埋式永磁转子的布置方式
(a) 径向式；(b) 切向式；(c) U 形混合式；(d) V 形径向式

转子铁芯为防止永磁体磁通短路，在内部还开有隔磁空气槽，槽内也可填充隔磁材料，把永磁体插入转子铁芯的安装槽内，磁极的极性与磁通走向如图 3.9 所示，可看出隔磁空槽具有减小漏磁的作用，这是一个 4 极转子。

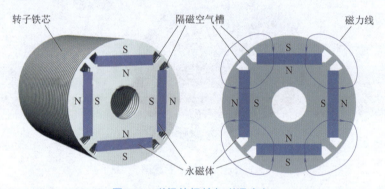

图 3.9　磁极的极性与磁通走向

2）旋转变压器

检测电机的转速和转子位置，经过电机控制器内旋变解码器解码后，电机控制器可获知电机当前转子位置，从而控制相应的 IGBT 功率管导通，按顺序给定子三个线圈通电，驱动电机旋转。

结构：传感器固定在壳体上，信号齿圈固定在转子上，如图 3.10 所示。

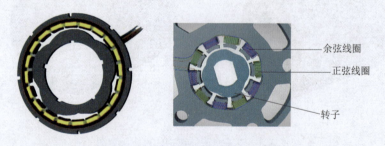

图 3.10　旋变传感器结构示意图

传感器线圈包括励磁线圈、正弦线圈、余弦线圈。三组线圈组成一个传感器，传感器外接线束一共 6 根线，两两为一组。其中，励磁线圈由电机控制器提供交流电压。

3）温度传感器

其作用是检测电机绕组温度，并提供信息给 MCU，再由 MCU 通过 CAN 总线传给 VCU，进而控制水泵工作、水路循环、冷却电子扇工作，调节电机工作温度，如图 3.11 所示。通常采用负温度系数传感器，温度越高，传感器电阻值越低。温度传感器采用两线制，当温度出现异常时，电机控制器将控制电机进行降功率工作，如果温度超过极限值电机将停止运行。

图 3.11　温度传感器位置

当控制器监测到驱动电机温度传感器显示：120 ℃≤温度<140 ℃时，降功率运行；温度≥140 ℃时，降功率至 0，即停机。

当控制器监测到散热基板温度≥85 ℃时，超温保护，即停机。当控制器监测到散热基板温度为：75 ℃≤温度≤85 ℃时，降功率运行。

2. 电机控制器

电机控制器的主要功能是控制驱动电机的旋转速度、旋转方向以及再生能量回收。在驱动电机运行阶段它是电动机的角色，在能量回收阶段它是发电机的角色。此外，电机控制器还要对电流传感器、电压传感器、温度传感器等输入信号进行处理，并将驱动系统的运行状态通过 CAN 总线发送给整车控制器。图 3.12 所示为吉利帝豪 EV300 电机控制器。

（1）电机控制器对所有的输入信号进行处理，并将驱动电机控制系统运行状态信息通过网络发送给整车控制器。电机控制器内含故障诊断电路，当驱动电机出现异常时，达到一定条件后，它将会激活一个故障码并发送给 VCU 整车控制器，同时也会存储该故障码和相关数据。

（2）电机控制器主要依靠电流传感器、电压传感器和温度传感器进行驱动电机运行状态的监测，根据相应参数进行电压、电流的调整控制以及其他控制功能的完成。

（3）电流传感器用于检测驱动电机工作实际电流，包括母线电流、三相交流电流。

（4）电压传感器用于检测供给电机控制器工作的实际电压，包括动力电池电压、12 V 蓄电池电压。

（5）温度传感器用于检测电机控制器的工作温度，包括 IGBT 模块的温度。

电机控制器

图 3.12　吉利帝豪 EV300 电机控制器

3. 减速器

由于驱动电机的速度-转矩特性非常适合汽车驱动的需求,与传统内燃机汽车相比,纯电模式驱动的汽车不再需要在汽车行驶过程中通过调节传动比来调节车速,因此纯电动汽车不再需要多挡位的变速器,驱动系统结构得以大幅简化。

减速器介于驱动电机和驱动半轴之间,驱动电机的动力输出轴通过花键直接与减速器输入轴齿轮连接,一方面减速器将驱动电机的动力传给驱动半轴,起到降低转速增大扭矩的作用,另一方面满足汽车转弯及在不平路面上行驶时,左右驱动轮以不同的转速旋转,保证车辆的平稳运行。

北汽 EV160 减速器总成是一款前置前驱减速器,采用左右分箱、两级传动结构设计,如图 3.13 所示。减速器按其功用和位置分为五大组件:右箱体、左箱体、输入轴组件、中间轴组件、差速器组件,具有体积小、结构紧凑的特点,采用前进挡和倒挡共用结构进行设计,整车倒挡通过电机反转实现。

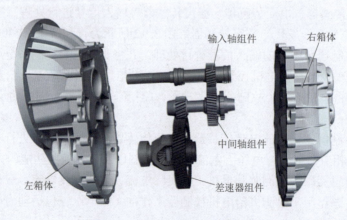

输入轴组件　　右箱体

中间轴组件

左箱体　　差速器组件

图 3.13　北汽 EV160 减速器总成

二、驱动系统的工作过程

整车控制器根据加速踏板、制动踏板、挡位、制动助力器真空度等信号通过 CAN 网络向电机控制器驱动电车控制器发送指令，实时调节驱动电机的扭矩输出，以实现整车的怠速、加速、能量回收等功能。

电机控制器能对自身温度、电机的运行温度、转子位置进行实时监测，并把相关信息传递给整车控制器 VCU，进而调节水泵和冷却风扇工作，使电机保持在理想温度下工作。北汽 EV160 驱动电机控制系统框图如图 3.14 所示。

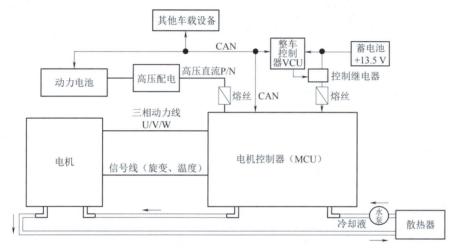

图 3.14　北汽 EV160 驱动电机控制系统框图

1. D 挡加速行驶

驾驶员挂 D 挡并踩加速踏板，此时挡位信息和加速信息通过信号线传递给整车控制器，整车控制器把驾驶员的操作意图传递给电机控制器，再由电机控制器结合旋变传感器信息（转子位置），进而向永磁同步电动机的定子通入三相交流电，三相电流在定子绕组的电阻上产生电压降。

由三相交流电产生的旋转电枢磁动势及建立的电枢磁场，一方面切割定子绕组，并在定子绕组中产生感应电动势；另一方面以电磁力拖动转子以同步转速正向旋转。随着加速踏板行程不断加大，电机控制器控制的 6 个 IGBT 导通频率上升，驱动电机的转矩随着电流的增加而增加，因此，起步时基本上拥有最大的转矩。随着驱动电机转速的增加，驱动电机的功率也增加，同时电压也随之增加。

与此同时，电机控制器也会通过电流传感器和电压传感器，感知电机当前功率、消耗电流大小、电压大小，并把这些信息数据传送给仪表、整车控制器。

2. R 挡倒车

当驾驶员挂 R 挡时，驾驶员请求信号发给驱动系统，再通过 CAN 总线发送给 MCU，此时 MCU 结合当前转子位置（旋变传感器）信息，通过改变 IGBT 模块改变 W、V、U 通电顺序，进而控制驱动电机反转。

3. 制动时能量回收

驾驶员松开加速踏板时，驱动电机由于惯性仍在旋转，设车轮转速为 $V_轮$、驱动电机转速为 $V_{电机}$，车轮与驱动电机之间固定传动比为 K，当车辆减速，$V_轮 K < V_{电机}$ 时，驱动电机仍是动力源；随着驱动电机转速下降，当 $V_轮 K > V_{电机}$ 时，此时驱动电机由于被车辆拖动而旋转，此时驱动电机变为发电机。

子任务2　认知驱动电机工作原理

一、转矩的产生

通电的导线在磁场中会受到安培力的作用，下面分析通电线圈位于不同位置时的受力情况。如图 3.15 所示，通电的矩形线圈在磁场中两条长边受到安培力，但方向相反，这样就产生了力矩，线圈发生转动。

当通电线圈转动至与磁场方向垂直时，线圈的两边受平衡力作用，到达平衡位置，如图 3.16（a）所示。但是这时由于惯性，线圈还会继续转动。当通电线圈转动离开平衡位置并与磁场方向成一定角度时，通电线圈的两边受力，但方向相反，如图 3.16（b）所示，线圈发生转动。

通电线圈与磁场方向平行时

图 3.15　通电线圈在磁场中受力

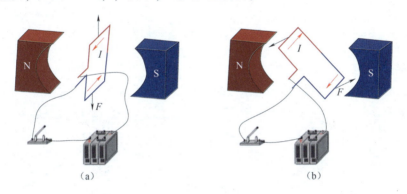

（a）　　　　　　　　　　　　（b）

图 3.16　通电线圈在磁场中受力转动

（a）通电线圈与磁场方向垂直；（b）通电线圈与磁场方向成一定角度

二、旋转磁场的产生

旋转磁场是磁感应矢量在空间以固定频率旋转的一种磁场，是电能和转动机械能之间相互转换的基本条件，如图 3.17 所示。

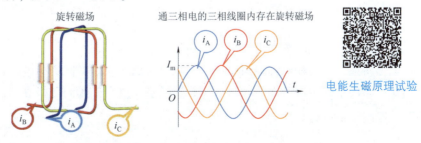

旋转磁场　　　　通三相电的三相线圈内存在旋转磁场

电能生磁原理试验

图 3.17　三相电线圈内存在旋转磁场

1. 旋转磁场的产生

三相对称绕组内通入对称的三相电流。

图 3.18 所示为三相交流电原理。

$$
\begin{cases}
i_A = \ \sin \omega t \\
i_B = I_m \sin(\omega t - 120°) \\
i_C = I_m \sin(\omega t - 240°)
\end{cases}
$$

$\omega t = 0°$ 时电流的流向

i_A 为 0

i_B 为负（电流流出）

i_C 为正（电流流入）

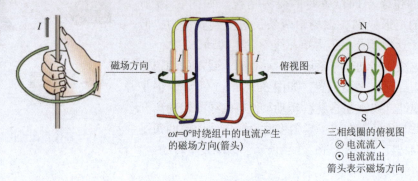

$\omega t = 0°$ 时绕组中的电流产生
的磁场方向(箭头)

三相线圈的俯视图
⊗ 电流流入
⊙ 电流流出
箭头表示磁场方向

图 3.18　三相交流电原理

2. 旋转磁场的方向

由右手定则得通电绕组产生磁场的方向如图 3.19 所示。

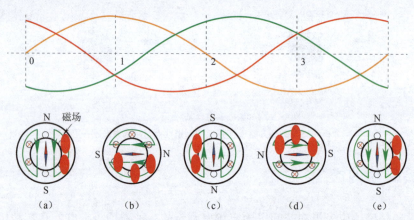

图 3.19　通电绕组产生磁场的方向

（a）$\omega t = 0°$；（b）$\omega t = \dfrac{1}{2}\pi$；（c）$\omega t = \pi$；（d）$\omega t = \dfrac{3}{2}\pi$；（e）$\omega t = 2\pi$

在一周期内不同时刻产生磁场的方向如图 3.20 所示。

综上所述，当三相对称绕组中通入三相电流后，它们共同产生的合成磁场随电流的交变而在空间内不断地旋转着，就形成了旋转磁场，这个磁场同磁极在空间旋转所起的作用是一样的。

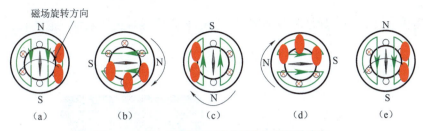

图 3.20 在一周期内不同时刻产生磁场的方向

（a）$\omega t = 0°$；（b）$\omega t = \dfrac{1}{2}\pi$；（c）$\omega t = \pi$；（d）$\omega t = \dfrac{3}{2}\pi$；（e）$\omega t = 2\pi$

旋转磁场的方向与通入线圈的三相电流的相序有关，即转向是 A→B→C 相序的，只要将通入绕组的三相交流电任意两相的顺序改变，旋转磁场的方向就随之改变，如图 3.21 所示。

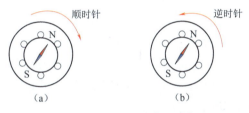

图 3.21 旋转磁场的方向改变图

（a）顺时针旋转；（b）逆时针旋转

3. 旋转磁场的转速

极对数：旋转磁场产生的磁极的对数称为极对数 p。例如，三相绕组的始端之间相差 120°空间角，则产生的磁场具有一对磁极，即 $p=1$，如图 3.22 所示。

若每相绕组由两个线圈串联，绕组的始端之间相差 60°空间角，则产生的磁场具有两对磁极，即 $p=2$，如图 3.23 所示。

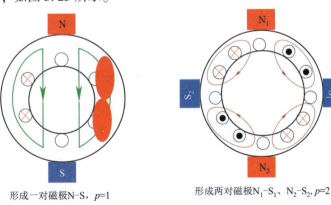

形成一对磁极 N-S，$p=1$

图 3.22 磁极对数 $p=1$

形成两对磁极 N_1-S_1、N_2-S_2，$p=2$

图 3.23 磁极对数 $p=2$

4. 永磁同步电机的转动

定子绕组通入三相交流电源形成旋转磁场，转速为 n_0，如同以 n_0 的速度旋转磁铁形

成的磁场。

根据磁体同性相斥、异性相吸的特点，转子永磁体跟着旋转磁场一起旋转，如图 3.24 所示。

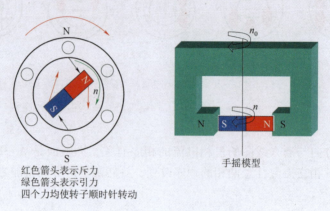

红色箭头表示斥力
绿色箭头表示引力
四个力均使转子顺时针转动

图 3.24　永磁同步电机转子转动

永磁同步电机转子转动的方向与旋转磁场的方向相同，当旋转磁场的方向改变时，交流感应电机转子也跟着改变。三相电机定子产生的旋转磁场的方向可以通过改变任意两相电流的相序而改变，因此可以将定子与三相电源连接的三根导线中的任意两根导线对调位置来改变转子的转动方向，如图 3.25 所示。

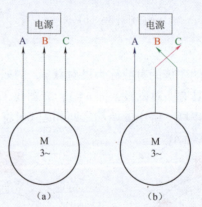

图 3.25　永磁同步电机正反转
（a）正转；（b）反转

永磁同步电机的转速：永磁同步电机转子转速 n 与旋转磁场的转速 n_0 相等，因此称为永磁同步电机。

子任务 3 分析驱动电机控制电路

本节以吉利帝豪 EV300 为例对驱动电机控制系统的电路进行讲解。涉及的主要模块为电机控制器和驱动电机，其中，该车型的电机控制器简称 PEU，其电机控制系统电路如图 3.26 所示，其线束连接器如表 3.1 所示。

PEU 的电源线为 EP11/26，搭铁线为 EP11/11，CAN 总线为 EP11/20 及 EP11/21。当这三类线任意一种及以上故障，均不能高压上电，且解码器无法进入 PEU 模块，可通过此现象排查电源线、搭铁线、CAN 总线的故障。EP11/25 为 PEU 模块的 IG2 电，无此信号，无法高压上电。EP11/4 和 EP11/5 为系统的高压互锁线路，监控回路的高压插接是否连接完好，若故障，也无法高压上电。

插接器 EP13 电机上有驱动电机温度传感器与旋变传感器低压线束，其中旋变传感器的正弦线圈、余弦线圈、励磁线圈分别为 EP13/9、EP13/10、EP13/7、EP13/8 以及 EP13/11、EP13/12。对于该车型，两个传感器中只有旋变传感器影响高压上电，温度传感器影响电机驱动。

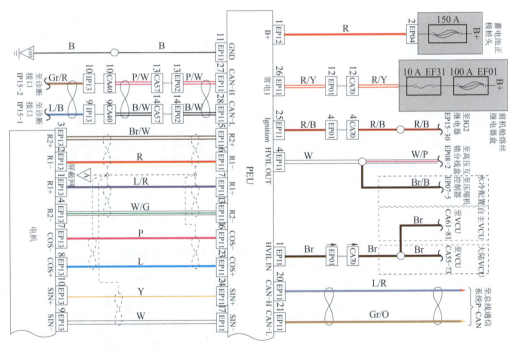

图 3.26 吉利帝豪 EV300 电机控制系统电路

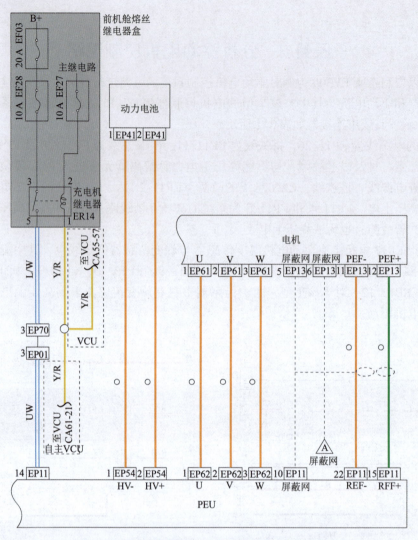

图 3.26 吉利帝豪 EV300 电机控制系统电路（续）

表 3.1 吉利帝豪 EV300 电机控制系统线束连接器

线束连接器	名称
CA40	接仪表线束连接器 4
CA55	VCU 线束连接器 2
CA57	接动力线束连接器 2
CA61	整车控制器 VCU（自主）线束连接器
CA70	接动力线束连接器
EP01	接前机舱熔丝继电器盒线束连接器
EP04	蓄电池正极线束连接器
EP08	高压互锁-分线盒线束连接器
EP11	电机控制器线束连接器

续表

线束连接器	名称
EP12	DC 输出+线束连接器
EP13	电机线束连接器
IP13	接前机舱线束连接器 4
IP15	诊断接口
G05	动力线束接地
EP11-1	至 VCU CA61-81
	至 VCU CA55-73
EP11-4	至高压互锁分线盒 EP08-2
EP11-20	至总线通信系统 P-CAN
EP11-21	
EP11-25	至 IG2 继电器 ER15-30
EP11-27	至诊断接口留头 2
EP11-28	至诊断接口留头 1
A	屏蔽网

任务工单

班级			姓名	
序号	名称		编号	是否影响高压上电
1	电源线			
2	搭铁线			
3	CAN-H			
4	CAN-L			
5	高压互锁（IN）			
6	高压互锁（OUT）			
7	正弦+			
8	正弦-			
9	余弦+			
10	余弦-			
11	励磁+			
12	励磁-			

简述吉利帝豪 EV300 电机控制系统电路原理：

评价标准

考核内容			考核评分		
项目	内容	配分	得分	批注	
工作准备 （20分）	能够正确理解工作任务内容、要求	5			
	能够根据汽车铭牌、VIN 码填写相关信息	5			
	检查场地、工具设备	5			
	能够正确穿戴防护及劳保用品	5			
执行任务过程 （60分）	线束编号填写	20			
	线束是否影响高压上电判断	20			
	吉利帝豪 EV300 电机控制系统电路原理	20			
职业素养 （20分）	人身安全、设备安全注意事项	5			
	设备、工量具复位	5			
	清洁、整理工作场地	5			
	工单填写完整、规范	5			

子任务 4　测量驱动电机控制电路

吉利帝豪 EV300 电机控制系统电路的测量需要做好准备，结合图 3.26 进行检测。

一、测量准备工作

（1）检查工位设备及各种安全防护用品。
（2）安装车轮挡块。
（3）安装车内外防护用品。
（4）落下驾驶员侧玻璃。

二、检测工具

万用表、示波器、转接线、电路图。

三、测量方法

（1）电源线 EP11/26：在不上电的条件下，用万用表电压挡检测 EP11/26 为 12 V。
（2）搭铁线 EP11/11：拔下 EP11 插接器，用万用表电阻挡检测 EP11/11 对地电阻为 0 Ω。
（3）CAN 总线 EP11/20 及 EP11/21：将起动开关打至 ON 挡，用万用表测量 EP11/20 电压为 2.5~3.5 V，EP11/21 电压为 1.5~2.5 V。用示波器测量，CAN-L 为幅值 1.5~2.5 的方波［见图 3.27（a）］，CAN-H 为幅值 2.5~3.5 的方波［见图 3.27（b）］。

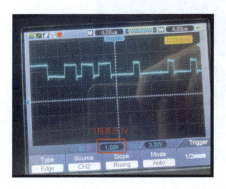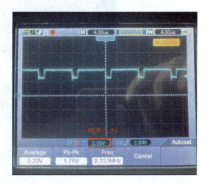

图 3.27　CAN 总线波形图
（a）1.5~2.5 方波；（b）2.5~3.5 方波

（4）IG 电 EP11/25：将起动开关打至 ON 挡，用万用表电压挡检测 EP11/26 为 12 V。
（5）旋变传感器正弦线圈 EP13/9、EP13/10，有以下测量方法：
①将起动开关打至 ON 挡，在不驱动车辆的情况下，用万用表交流电压挡检测电压值为 8.4 V 左右。

②将起动开关打至 ON 挡，在不驱动车辆的情况下，用示波器测量波形，正弦线圈波形如图 3.28 所示。

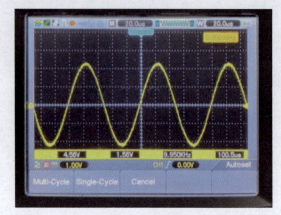

图 3.28　正弦线圈波形

③拔下 EP13，用万用表电阻挡测量 EP13/9 与 EP13/10 之间的阻值为（13.5±1.5）Ω。

（6）旋变传感器余弦线圈 EP13/7、EP13/8，有以下测量方法：

①将起动开关打至 ON 挡，在不驱动车辆的情况下，用万用表交流电压挡检测电压值为 0 V 左右。

②将起动开关打至 ON 挡，在不驱动车辆的情况下，用示波器测量无波形；在驱动车辆的情况下，用示波器测量波形，余弦线圈波形如图 3.29 所示。

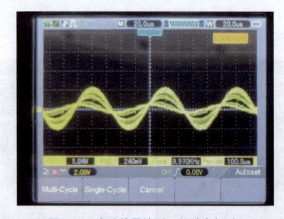

图 3.29　余弦线圈波形（驱动车辆时）

③拔下 EP13，用万用表电阻挡测量 EP13/7 与 EP13/8 之间的阻值为（14.5±1.5）Ω。

（7）旋变传感器励磁线圈 EP13/9、EP13/10，有以下测量方法：

①将起动开关打至 ON 挡，在不驱动车辆的情况下，用万用表交流电压挡检测电压值为 8.4 V 左右。

②将起动开关打至 ON 挡，在不驱动车辆的情况下，用示波器测量波形，励磁线圈波形如图 3.30 所示。

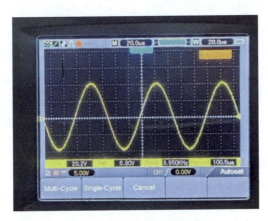

图 3.30 励磁线圈波形

③拔下 EP13，用万用表电阻挡测量 EP13/9 与 EP13/10 之间的阻值为（9.5±1.5）Ω。

（8）温度传感器，拔下 EP13，用万用表电阻挡测量电阻值：

①-40 ℃时，正常电阻阻值为（241±20）Ω；

②20 ℃时，正常电阻阻值为（13.6±0.8）Ω；

③85 ℃时，正常电阻阻值为（1.6±0.1）Ω。

阻值随温度升高而降低，随温度降低而升高。

任务工单

班级		姓名				
对象	名称	编号		电阻/Ω	电压/V	是否正常
电源线测量	电源线					
	搭铁线					
CAN 总线测量	CAN-H					
	CAN-L					
高压互锁测量	高压互锁（IN）					
	高压互锁（OUT）					
旋变传感器测量	正弦+					
	正弦-					
	余弦+					
	余弦-					
	励磁+					
	励磁-					
温度传感器测量	温度+					
	温度-					

评价标准

考核内容			考核评分		
项目	内容	配分	得分	批注	
工作准备 （20分）	能够正确理解工作任务内容、要求	5			
	能够根据汽车铭牌、VIN 码填写相关信息	5			
	检查场地、工具设备	5			
	能够正确穿戴防护及劳保用品	5			
执行任务过程 （60分）	电源线测量	10			
	CAN 总线测量	10			
	高压互锁测量	10			
	旋变传感器测量	20			
	温度传感器测量	10			
职业素养 （20分）	人身安全、设备安全注意事项	5			
	设备、工量具复位	5			
	清洁、整理工作场地	5			
	工单填写完整、规范	5			

任务二　装配与调试驱动系统

【任务目标】

1. 掌握驱动电机拆卸的基本流程及要点。

2. 掌握驱动电机装配的基本流程及要点。

3. 掌握驱动电机调试的方法及要点。

【任务技能】

1. 能按照正确流程和标准装配驱动电机。

2. 能按照正确流程和标准对驱动电机进行检测。

【任务素质】

1. 培养计划严密的思维和素质。

2. 培养爱岗敬业精神，践行社会主义核心价值观。

3. 培养作业现场安全意识和标准操作意识。

4. 强化团队协作能力，培养集体主义精神。

 相关知识

子任务 1　拆装驱动电机

一、任务准备

装配的各零部件、万用表、绝缘测试仪、毫欧表、磁座百分表、高斯计、推拉力计、世达工具套装。

二、装配过程

电动汽车用驱动
电机系统技术条件

驱动电机的装配主要分为定子装配与测试，转子装配与测试，定子、转子合装与测试，旋变传感器装配与测试几个部分。

1. 定子装配与测试

（1）取出定子。

（2）测量定子绕组 U-V 电阻值，标准值为（8.8±0.5）Ω；测量定子绕组 V-W 电阻值，标准值为（8.8±0.5）Ω；测量定子绕组 W-U 电阻值，标准值为（8.8±0.5）Ω，如图 3.31 所示。

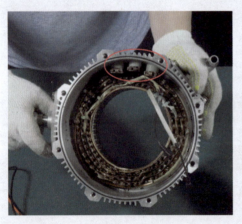
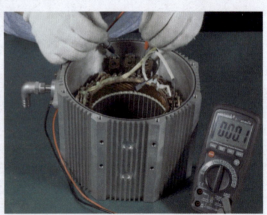

图 3.31　使用毫欧表测量三相绕组电阻

（3）测量定子绕组绝缘值，标准值 ≥10 kΩ/25 ℃。

（4）安装三相线短绝缘衬套，如图 3.32 所示。

（5）安装防水密封圈。

（6）安装接线盒。

（7）安装三相线长绝缘衬套，如图 3.33 所示。

（8）安装绝缘板。

（9）安装三相线接柱，如图 3.34 所示。

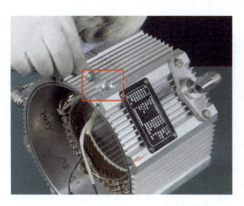 

图 3.32　安装三相线短绝缘衬套

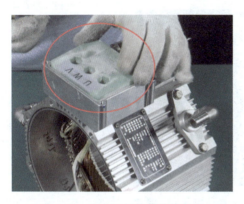 

图 3.33　安装三相线长绝缘衬套　　　　图 3.34　安装三相线接柱

（10）紧固三相线接柱，紧固力矩为 20 N·m。

（11）测量三相线接柱绝缘值，标准值 ≥20 MΩ。

（12）安装定子底板，如图 3.35 所示。

图 3.35　安装定子底板

（13）将定子固定在合装机上，如图 3.36 所示。

图 3.36　将定子固定在合装机上

（14）套入后端盖，如图 3.37 所示。

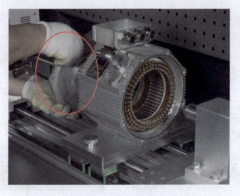

图 3.37　套入后端盖

（15）移动定子至合适位置。

2. 转子装配与测试

（1）放置转子托架，如图 3.38 所示。

图 3.38　放置转子托架

（2）取出转子放置于托架上。

（3）安装前端盖，如图 3.39 所示。

图 3.39　安装前端盖

（4）操纵合装机固定转子。

（5）使用高斯计测量转子磁场强度，标准值>800 mG，如图 3.40 所示。

图 3.40　测量转子磁场强度

（6）调试磁座百分表，测量转子轴同轴度，标准值<0.02 mm，如图 3.41 所示。

图 3.41　测量转子轴同轴度

3. 定子、转子合装与测试

（1）合装转子和定子。

（2）安装前端盖螺栓。

（3）引出温度传感器导线，如图 3.42 所示。

（4）安装后端盖螺栓。

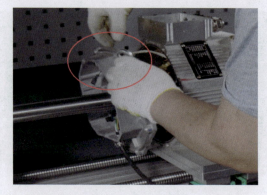

图 3.42　引出温度传感器导线

（5）紧固前端盖螺栓，紧固力矩为 20 N·m。

（6）紧固后端盖螺栓，紧固力矩为 20 N·m。

（7）安装卡簧，如图 3.43 所示。

图 3.43　安装卡簧

（8）安装油封（用油封安装工装敲入），如图 3.44 所示。

图 3.44　安装油封

（9）移动电机至合适位置。

（10）调试磁座百分表，使用推拉力计测量转子径向间隙，推拉力 100 N，径向间隙标准值<0.5 mm，如图 3.45 所示。

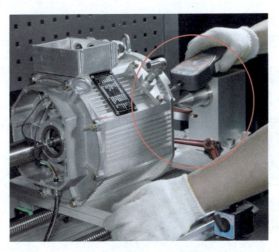

图 3.45　测量转子径向间隙

（11）调试磁座百分装，使用推拉力计测量转子轴向间隙，推拉力 100 N，轴向间隙标准值<0.5 mm，如图 3.46 所示。

图 3.46　测量转子轴向间隙

4. 旋变传感器装配与测试

（1）安装旋变传感器转子，如图 3.47 所示。

图 3.47　安装旋变传感器转子

旋变传感器
装配与测试

（2）紧固旋变传感器转子螺栓，紧固力矩为 5 N·m。

（3）安装旋变传感器定子（注意定位销的位置），如图 3.48 所示。

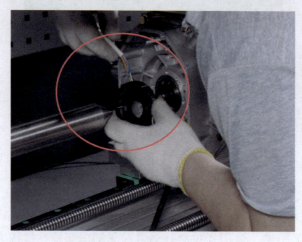

图 3.48　安装旋变传感器定子

（4）安装旋变传感器定子螺栓，紧固力矩为 5 N·m。

（5）连接旋变传感器和温度传感器插接器（两个温度传感器插接器均需插接完好）。

（6）测量正弦线圈电阻值，标准值为（35±5）Ω，如图 3.49 所示。

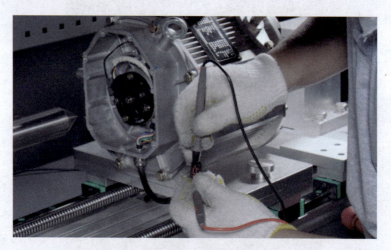

图 3.49　测量正弦线圈电阻值

（7）测量余弦线圈电阻值，标准值为（35±5）Ω。

（8）测量励磁线圈电阻值，标准值为（20±5）Ω。

（9）测量温度传感器电阻值，标准值为 10 kΩ/25 ℃。

（10）安装后端盖盖板。

任务工单

班级		姓名	
1. 定子装配与测试	（1）定子装配流程： （2）定子绕组测量： 《见下表》		

（2）定子绕组测量：

项目	对象	数值	是否正常
电阻测量	U–V		
	V–W		
	W–U		
绝缘测量	U 与壳体		
	V 与壳体		
	W 与壳体		

2. 转子装配与测试

（1）转子装配流程：

（2）转子磁场强度：_____。

（3）转子同轴度：_____。

3. 定子、转子合装与测试

（1）定子、转子合装流程：

（2）转子轴向间隙：_____，是否正常：_____。

（3）转子径向间隙：_____，是否正常：_____。

4. 旋变传感器装配与测试

（1）旋变传感器装配流程：

（2）正弦线圈电阻值：_____，是否正常：_____。

（3）余弦线圈电阻值：_____，是否正常：_____。

（4）励磁线圈电阻值：_____，是否正常：_____。

（3）温度传感器电阻值：_____，是否正常：_____。

评价标准

考核内容			考核评分		
项目	内容	配分	得分	批注	
工作准备 （20分）	能够正确理解工作任务内容、要求	5			
	能够根据汽车铭牌、VIN 码填写相关信息	5			
	检查场地、工具设备	5			
	能够正确穿戴防护及劳保用品	5			
执行任务过程 （60分）	定子装配与测试	15			
	转子装配与测试	15			
	定子、转子合装与测试	15			
	旋变传感器装配与测试	15			
职业素养 （20分）	人身安全、设备安全注意事项	5			
	设备、工量具复位	5			
	清洁、整理工作场地	5			
	工单填写完整、规范	5			

子任务 2　测试驱动电机

线上自学

1: 空载试验

2. 峰值转速试验

3. 额定工况试验

4. 持续转矩试验

5. 持续功率试验

6. 控制器持续工作电流试验

7. 温升试验

8. 堵转试验

9. 正反转速差试验

10. 控制器欠压保护试验

11. 峰值转矩试验

驱动电机完成安装以后，需要进行驱动电机的检验与测试，确保驱动电机达到质量标准。驱动电机总成测试与验证的参考标准为《新能源汽车装调与测试职业技能等级证书（中级）》《电动汽车用驱动电机系统　第 1 部分：技术条件》（GB/T 18488.1—2015）《电动汽车用驱动电机系统　第 2 部分：试验方法》（GB/T 18488.2—2015）。

一、测试项目

测试项目包括空载试验、峰值转速试验、额定工况试验、持续转矩试验、持续功率试验、控制器持续工作电流试验、温升试验、堵转试验、正反转速差试验、控制器欠压保护试验、峰值转矩试验。具体试验步骤与方法可扫二维码学习。

注意：堵转试验对电机损伤比较大，不建议频繁试验。

二、测试项目标准工单

图 3.50 所示为驱动电机铭牌。

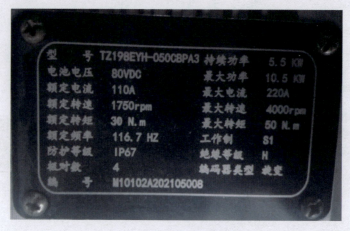

图 3.50　驱动电机铭牌

　　由于不同驱动电机的性能测试标准和要求有所区别，现以型号为 TZ198EYH-050CBPA3 的驱动电机进行性能测试项目操作步骤和标准讲解，并以空载试验和峰值转矩试验为例将操作步骤和试验标准纳入任务工单，如表 3.2 所示。

表 3.2　空载试验和峰值转矩试验任务工单

试验项目	操作步骤	分值	是否扣分	
	按要求着装	1	是	否
	进入工位后设置隔离栏	1	是	否
	放置安全警示牌	1	是	否
	检查干粉灭火器	1	是	否
	检查绝缘手套耐压等级	1	是	否
	检查绝缘手套密封性	1	是	否
	检查酸碱性手套	1	是	否
	检查护目镜	1	是	否
作业规范	检查安全帽	1	是	否
	进行绝缘电阻测试仪开路检查	1	是	否
	进行绝缘电阻测试仪短路检查	1	是	否
	进行数字万用表校零	1	是	否
	检查工具完整性	1	是	否
	可能造成设备损坏被制止，累计扣分	1	是	否
	可能造成人员伤害被制止，累计扣分	1	是	否
	同步填写记录表信息，累计扣分	1	是	否
	工具仪器落地，累计扣分	1	是	否

续表

试验项目	操作步骤	分值	是否扣分	
作业规范	零部件落地，累计扣分	1	是	否
	复位工具仪器	1	是	否
	清洁工作场地	1	是	否
	复位安全警示牌	1	是	否
	复位隔离栏	1	是	否
故障点过程记录	正确记录故障现象	1	是	否
	正确记录故障信息	2	是	否
	正确记录故障范围	2	是	否
	正确记录测量对象	2	是	否
	正确记录故障数据	2	是	否
	正确记录故障点	2	是	否
	报告申请修复故障点	2	是	否
	验证故障已修复	2	是	否
空载试验 空载试验	选择指定测试项目	1	是	否
	单击"电机开"供电	2	是	否
	设置电机转向	2	是	否
	设置测试时间	2	是	否
	设置采样间隔	2	是	否
	设定被试电机转速	2	是	否
	单击"Start"运行被试电机	2	是	否
	单击"启动"采集数据	2	是	否
	进行坐标设置	2	是	否
	保存测试数据	2	是	否
	关闭被试电机	1	是	否
	电机转向：顺时针	1	是	否
	测试时间：200 s	1	是	否
	采样间隔：1 s	1	是	否
	电机转速：1 750 r/min	1	是	否
	母线电流：0~5 A	1	是	否
	母线功率：0~1 kW	1	是	否
	转速：1 750 r/min	1	是	否

试验项目	操作步骤	分值	是否扣分	
峰值转矩 试验 峰值转矩 试验	选择指定测试项目	1	是	否
	单击"电机开"供电	2	是	否
	设置测试时间	2	是	否
	设置采样间隔	2	是	否
	设定测功机转速	2	是	否
	单击"Start"运行测功机	2	是	否
	单击"启动"采集数据	2	是	否
	设定被试电机初始转矩	2	是	否
	单击"Start"运行被试电机	2	是	否
	递增被试电机转矩	2	是	否
	进行坐标设置	2	是	否
	保存测试数据	2	是	否
	关闭被试电机	2	是	否
	关闭测功机	1	是	否
	测试时间：30 s	1	是	否
	采样间隔：1 s	1	是	否
	电力测功机转速：1 000 r/min	1	是	否
	母线电流：80~90 A	1	是	否
	母线功率：6~7 kW	1	是	否
	转矩：45~55 N·m	1	是	否
	转速：1 000 r/min	1	是	否
	输出功率：5~5.5 kW	1	是	否
	效率：75%~85%	1	是	否
	驱动器电流：175~195 A	1	是	否
序号	追加处罚（每次扣除相应配分，扣完为止，不得出现负分值）	分值	是否扣分	
1	未按操作规程损坏仪器设备	50	是	否
2	未按操作规程造成人员伤害	50	是	否
3	因操作安全被考官终止考试	100	是	否

评价标准

考核内容			考核评分		
项目	内容	配分	得分	批注
工作准备 （20分）	能够正确理解工作任务内容、要求	5		
	能够根据汽车铭牌、VIN 码填写相关信息	5		
	检查场地、工具设备	5		
	能够正确穿戴防护及劳保用品	5		
执行任务过程 （60分）	作业规范	5		
	故障点排除和记录	15		
	空载试验	20		
	峰值转矩试验	20		
职业素养 （20分）	人身安全、设备安全注意事项	5		
	设备、工量具复位	5		
	清洁、整理工作场地	5		
	工单填写完整、规范	5		

子任务 3 拆装驱动系统部件

一、任务准备

（1）接受任务，分析工作内容并制定方案。

（2）检查工位设备及安全防护用品。

（3）安装车轮挡块。

（4）安装车内外防护用品。

（5）记录车辆基本信息：车辆识别码、品牌、型号。

（6）严格按照高压作业安全规定进行作业，监护人员和操作人员必须具备国家认可的《特种作业操作证（电工）》和初级及初级以上的电工证进行工作。

（7）填写工单，如表 3.3 所示。

表 3.3 任务准备工单

序号	项目	防护用品	检查情况
1	检查安全防护用品	绝缘手套	□正常 □异常
2		防酸碱手套	□正常 □异常
3		绝缘鞋	□正常 □异常
4		安全帽	□正常 □异常
5		防护眼镜	□正常 □异常
6	安装车辆防护用品	安装翼子板布	□正常 □异常
7		安装座椅套	□正常 □异常
8		安装脚垫	□正常 □异常
9		安装转向盘套	□正常 □异常
10		安装挡杆套	□正常 □异常
11		安装车轮挡块	□正常 □异常
12	记录车辆信息	车辆识别码	
13		品牌	

二、高压系统断电

（1）打开点火开关。

（2）落下驾驶员侧车窗玻璃。

（3）查看仪表信息。

（4）安装故障诊断仪。

（5）读取"电机控制器"DTC 故障码并记录。

（6）关闭点火开关。

（7）断开蓄电池负极电缆，并做好隔离防护，如图 3.51 所示。

图 3.51　断开蓄电池负极电缆并做好隔离防护

（8）填写工单，如表 3.4 所示。

表 3.4　高压系统断电工单

序号	信息	指示灯名称	状态显示	
1	仪表信息（起动）	READY 指示灯	□点亮	□不亮
2		系统故障指示灯	□点亮	□不亮
3	故障信息 （电机控制系统）	故障码查询	□无 DTC	□有 DTC
4		故障码信息	故障码： 说明：	
			故障码： 说明：	

三、驱动电机系统拆卸步骤

（1）放置高压作业维修标志。

（2）断开分线盒高压直流母线插头，并做好防护。

（3）断开高压母线 5 min 后，使用万用表测量整车高压回路，测量高压回路时，应遵守"单手操作"原则。

（4）万用表黑表笔安装鳄鱼夹，将其夹到车身外壳，红表笔接入测量对象。

（5）待冷却液温度低时，打开膨胀罐盖，释放冷却系统压力。

（6）逆时针转动散热器放水螺栓，将冷却液回收。

（7）拆卸电机控制器上盖 8 个螺栓，取下电机控制器上盖。

（8）拆卸驱动电机三相线束连接器（电机控制器侧）3 个固定螺栓。

（9）拆卸驱动电机三相线束端子（电机控制器侧）3 个固定螺栓，脱开三相线束。

（10）拆卸分线盒电机控制器高压线线束连接器（电机控制器侧）2 个固定螺栓。

（11）拆卸分线盒电机控制器高压线线束端子（电机控制器侧）2 个固定螺栓；脱开线束，如图 3.52 所示。

图 3.52　拆卸分线盒电机控制器高压线线束

（12）断开电机控制器低压线束连接器。

（13）拆卸电机控制器 4 个固定螺栓。

（14）取下防尘盖，拆卸电机控制器 2 根搭铁线束固定螺母，脱开搭铁线束。

（15）脱开电机控制器冷却水管。

（16）取下电机控制器总成，如图 3.53 所示。

图 3.53　取下电机控制器总成

（17）拆卸三相线束支架 2 个固定螺栓。

（18）拆卸三相线束连接器 3 个固定螺栓。

（19）拆卸电机线束盖板 8 个固定螺栓，取下电机线束、盖板及密封垫。

（20）拆卸三相线束 3 个端子固定螺栓，取下三相线束，如图 3.54 所示。

图 3.54　拆卸三相线束 3 个端子固定螺栓

（21）断开车载充电机 2 个高压线束连接器。

（22）拆卸车载充电机搭铁线束固定螺栓，脱开车载充电机搭铁线束。

（23）拆卸车载充电机 4 个固定螺栓。

（24）断开车载充电机上的高压线束连接器。

（25）拆卸车载充电机搭铁线束固定螺栓，脱开车载充电机搭铁线束。

（26）拆卸车载充电机 4 个固定螺栓。

（27）断开车载充电机与电机控制器连接的高压线束。

（28）拆卸车载充电机出水管环箍（电机侧），脱开车载充电机出水管，如图 3.55 所示。注意：出水管脱开前请在车辆底部放置容器，接住冷却液，以免污染地面。

图 3.55　拆卸车载充电机出水管环箍

（29）拆卸车载充电机进水管接头（电机控制器侧），脱开车载充电机进水管，取出车载充电机及水管，拧松轮胎螺栓。

（30）举升车辆。

（31）拆卸电动压缩机侧 4 个固定螺栓，分离电动压缩机。

（32）拆卸驱动电机前悬置穿心螺栓及螺母。

（33）拆卸纵梁前部 2 个螺栓，拆卸后部 2 个固定螺栓及螺母。

（34）拆卸纵梁上驱动电机前悬置，取下纵梁。

（35）拆卸车轮螺母，卸下车轮并排空减速器油。

（36）拆下驱动轴固定螺母。

（37）拆下转向节和前减震器的连接螺母。

（38）取出驱动轴的外端。

（39）适当向外拉动制动器，使用专用工具拆下驱动轴的内端，取下驱动轴总成，断开电动真空泵线束连接器。

（40）拆卸电动真空泵 2 个固定螺栓。

（41）脱开驱动电机冷却水管。

（42）断开驱动电机线束连接器，如图 3.56 所示。

图 3.56　断开驱动电机线束连接器

（43）拆卸驱动电机搭铁线束固定螺栓，脱开驱动电机搭铁线束。

（44）使用托顶从下方托住驱动电机。

（45）拆卸前悬置支架驱动电机侧 4 个固定螺栓。

（46）拆卸驱动电机及减速器固定螺栓。

（47）拆卸驱动电机右固定支架上部 3 个固定螺栓。

（48）拆卸驱动电机右固定支架下部 4 个固定螺栓，取下驱动电机右固定支架。

（49）用合适的工具轻撬减速器与驱动电机接合处，拆下驱动电机，如图 3.57 所示。

（50）记录驱动电机的铭牌信息，填写工单。

图 3.57　拆下驱动电机

四、安装前检查

（1）检查新电机控制器铭牌信息是否与更换的电机控制器铭牌信息相同。

（2）检测电机控制器高压线束绝缘电阻，标准值≥100 MΩ。

（3）检查电机控制器外观，有无破损、腐蚀等现象，要保持外观完好无损。

（4）填写工单，如表3.5所示。

表3.5　安装前检查工单

1	记录铭牌信息（电机控制器）	额定功率：	□相同　□不同
		额定电压：	□相同　□不同
2	检测绝缘电阻	电机控制器高压线束绝缘电阻	实测值：标准值≥100 MΩ
3	外观检查	电机控制器高压线束连接器	□正常　□异常

五、电机控制器安装步骤

（1）装配驱动电机使电机输出轴花键插入减速器输入轴。

（2）紧固驱动电机及减速器固定螺栓。

（3）放置驱动电机右固定支架，紧固驱动电机右固定支架上部3个固定螺栓。

（4）紧固驱动电机右固定支架下部4个固定螺栓。

（5）紧固前悬置支架驱动电机侧4个固定螺栓。

（6）连接驱动电机2根冷却水管，安装水管环箍。

（7）连接驱动电机线束连接器。

（8）连接驱动电机搭铁线束，紧固驱动电机搭铁线束固定螺栓。

（9）安装制动真空泵。

（10）安装右前驱动轴。

（11）加注减速器油。

（12）安装右前轮轮胎。

（13）安装纵梁。

（14）安装压缩机，如图3.58所示。

（15）安装机舱底部护板。

（16）安装车载充电机及高低压线束。

（17）安装电机控制器总成。

（18）连接电机控制器冷却水管。

（19）连接2根搭铁线，紧固螺母，盖上防尘盖。

（20）连接电机控制器低压线束连接器，如图3.59所示。

图 3.58　安装压缩机

图 3.59　连接电机控制器低压线束连接器

（21）紧固电机控制器 4 个固定螺栓。

（22）连接三相线束，紧固驱动电机三相线束连接器（电机控制器侧）3 个固定螺栓。

（23）紧固驱动电机三相线束端子（电机控制器侧）3 个固定螺栓。

（24）连接线束，紧固分线盒电机控制器高压线线束连接器（电机控制器侧）2 个固定螺栓。

（25）紧固分线盒电机控制器高压线端子（电机控制器侧）2 个固定螺栓。

（26）安装电机控制器上盖，紧固电机控制器上盖 8 个螺栓，如图 3.60 所示。

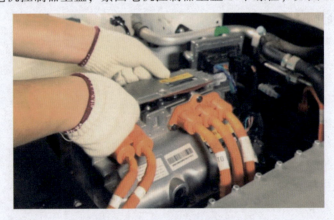

图 3.60　安装电机控制器上盖

（27）拧开膨胀罐盖，加入吉利指定型号的冷却液。

（28）持续加注冷却液，直至膨胀罐内冷却液容量达到 80% 左右，且液位不再下降，膨胀罐保持开口状态。

（29）拔出电机控制器出水管，待电机控制器出水口有成股水流出，装上电机控制器出水管。

（30）除气完成，补充冷却液，如图 3.61 所示。

图 3.61 补充冷却液

（31）检查插接件有无破损；相应的卡口是否到位。

（32）连接高压直流母线插头。

（33）连接蓄电池负极电缆。

（34）填写工单，如表 3.6 所示。

表 3.6 电机控制器安装工单

序号	安装部件	安装情况
1	电机控制器 4 个固定螺栓	力 矩： N·m
2	2 根搭铁线	力 矩： N·m
3	驱动电机三相线束连接器 2 个固定螺栓	力 矩： N·m
4	驱动电机三相线束端子 3 个固定螺栓	力 矩： N·m
5	电机控制器高压线束连接器 2 个固定螺栓	力 矩： N·m
6	电机控制器高压线端子 2 个固定螺栓	力 矩： N·m
7	高压直流母线插头	□已锁止 □未锁止

六、性能检查

（1）取出智能钥匙。

（2）打开点火开关，查看仪表信息是否正常。

（3）连接诊断仪，读取"电机控制器"是否有故障码存储。

（4）关闭点火开关，取出车内防护用品。

（5）收起翼子板布，关闭机舱盖。

（6）收起高压作业维修标志。

（7）填写工单，如表3.7所示。

（8）整理现场，移交车辆。

表3.7　性能检查工单

序号	信息	指示灯名称	状态显示	
1	仪表信息	READY 指示灯	□点亮	□不亮
2		系统故障指示灯	□点亮	□不亮
3	故障信息 （电机控制系统）	故障码查询	□无 DTC	□有 DTC
4		故障码信息	故障码： 说明：	

评价标准

考核内容		考核评分		
项目	内容	配分	得分	批注
工作准备 （20分）	能够正确理解工作任务内容、要求	5		
	检查安全防护用品	5		
	安装安全防护用品	5		
	记录车辆信息	5		
执行任务过程 （60分）	高压系统断电	15		
	安装前检查	15		
	电机控制器安装	15		
	性能检查	15		
职业素养 （20分）	人身安全、设备安全注意事项	5		
	设备、工量具复位	5		
	清洁、整理工作场地	5		
	工单填写完整、规范	5		

任务三　诊断与排除驱动系统常见故障

【任务目标】

1. 掌握驱动系统装配过程中常见问题类型。

2. 掌握驱动系统数据流和故障码含义。

3. 掌握驱动系统常见故障的排除方法。

【任务技能】

1. 能使用故障诊断仪对驱动系统进行数据流读取。

2. 能使用故障诊断仪对驱动系统进行故障诊断。

3. 能排除驱动系统常见故障。

【任务素质】

1. 培养理论联系实际的能力。

2. 培养提出问题、分析问题和解决问题的能力。

3. 培养独立思考、专注细致、精益求精的精神。

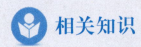 相关知识

子任务 1　读取驱动系统数据流及故障码

以吉利帝豪 EV300 为例讲解驱动系统数据流及故障码含义。常见的低压电路部分故障类型主要有电机控制器低压供电回路故障、电机控制器通信故障、驱动电机旋变信号故障、电机过温故障等几类，如表 3.8 所示。

表 3.8　吉利帝豪 EV300 故障码及说明

故障码	故障描述	故障范围
P056300	蓄电池电压过压故障	电机控制器低压供电回路故障
P056200	蓄电池电压欠压故障	
P113600	低压端输出与蓄电池连接断开故障	
U120300	ID 1B6 循环计数错误	电机控制器通信故障
U120700	ID 1CA 循环计数错误	
U120600	ID 1CA 校验和错误	
U120500	ID 1CA 长度错误	
P0C5300	sine/cosine 输入信号消波故障	驱动电机旋变信号故障
P0C511C	sine/cosine 输入信号超过电压阈值	
P0C5200	sine/cosine 输入信号低于电压阈值	
P0A4429	跟踪误差超过阈值	
P170900	输入转速信号超过芯片最大跟踪速率	
P150700	电机超速故障	
P171000	角度跳变故障	
P171100	信号失配错误	
P171200	配置错误	
P171300	奇偶校检错误	
P171400	锁相错误	
P0A9300	冷却水过温故障	电机过温故障
P0A2C00	定子温度最大值大于阈值	
P0A2D00	定子温度最小值小于阈值	

在电控控制器模块中可以读取电机驱动系统的相关数据流，通过部分数据流能判断电机当前的状态和可能的故障范围，为故障排除提供依据。以下是驱动电机模块在上电未驱动车辆状态下的相关数据流及含义，如表 3.9 所示。

表 3.9　吉利帝豪 EV300 数据流

名称	数值
电机温度/℃	26
智能功率模块（IPM）散热器温度/℃	35
功率/kW	0
扭矩/（N·m）	0
转速/（r·min^{-1}）	0
前驱动电机母线电压/V	387
动力系统状态	正常
起动允许	允许起动
FWD C 相结温度/℃	31
FWD B 相结温度/℃	31
FWD A 相结温度/℃	31
前驱动电机零位检验状态	Z
前驱动电机零位标定状态	标定
前驱动电机零位值	07 92
主动泄放状态	未泄放
前驱动电机控制器智能功率模块（IPM）状态	正常
FWD 过电流状态	正常
前驱动电机旋变状态	正常
过载系数/%	0
C 相电流/A	0
B 相电流/A	0
A 相电流/A	0
绝缘栅双极晶体管（IGBT）温度/℃	31

数据流能实时反映驱动系统中驱动电机、三相线束、智能功率模块（IPM）、绝缘栅双极晶体管（IGBT）温度，驱动电机功率、转速、扭矩、母线电压等信息。

任务工单

班级			姓名	
名称				数值

评价标准

考核内容		考核评分		
项目	内容	配分	得分	批注
工作准备 （20分）	能够正确理解工作任务内容、要求	5		
	检查安全防护用品	5		
	安装安全防护用品	5		
	记录车辆信息	5		
执行任务过程 （60分）	解码器使用	10		
	选择进入模块	10		
	数据流读取	20		
	数据流填写	20		
职业素养 （20分）	人身安全、设备安全注意事项	5		
	设备、工量具复位	5		
	清洁、整理工作场地	5		
	工单填写完整、规范	5		

子任务 2　诊断与排除驱动系统常见故障

当故障发生时，软件根据故障级别使 PEU 进入安全状态或限制状态。安全状态包括主动短路或 Freewheel 模式，限制状态包括四个级别的功率/转矩输出限制。PEU 软件中提供基于 ISO 14229 标准的诊断通信功能，如表 3.10 所示。

表 3.10　PEU 诊断项目及内容

诊断项目	诊断内容
传感器诊断	电流传感器、电压传感器、温度传感器、位置传感器等故障诊断
电机诊断	电流调节故障，电机性能检查，主动短路或空转条件不满足，转子偏移角诊断等
CAN 通信诊断	包括 CAN 内存检测、总线超时、报文长度、Checksum 校验、收发计数器的诊断
硬件安全关诊断	相电流过流诊断、直流母线电压过压诊断、高/低压供电故障诊断、处理器监控等

驱动系统常见的故障类型有电机控制器低压供电回路故障、电机控制器通信故障、驱动电机旋变信号故障、电机过温故障。以上故障直接影响车辆高压上电，无法驱动电机运转。

一、驱动系统故障实例

一辆吉利帝豪 EV300 车主反映，该车无法高压上电，车辆不能行驶，仪表上"READY"灯不亮，仪表显示异常。4S 店维修技师按照流程进行了故障诊断，最终排除故障，具体方法如下：

（1）检查蓄电池电压，电压为 12.375 V，电压正常。

（2）检查高压部件及连接器连接情况，连接正常。

（3）打开点火开关观察仪表信息。

（4）故障现象初步判定。

在打开点火开关的情况下，"系统故障灯"点亮；在起动点火开关的情况下（上电）："READY"灯不亮。

（5）读取"整车控制器"故障码并记录。

整车控制器中读到的故障码为：

U34A882 电机控制器报文循环计数错误。

U34AB82 DCDC 报文循环计数错误。

（6）读取"整车控制器"数据流，并记录与本故障相关数据流。

整车控制器中读到的数据流为：

电机实际转速：-14 000 r/min。

电机系统控制状态：不活跃的。

电机实际转矩：-300 N·m。

（7）分析数据，得出可能引起此故障发生的原因有电机控制器电源故障、电机控制器总线故障、电机控制器线路故障、电机控制器本身故障。

（8）诊断步骤：

①断开蓄电池负极电缆，并做好防护。

②断开高压母线 5 min 后，使用万用表测量整车高压回路。

③连接蓄电池负极电缆。

④测量 EF31 熔断器 B+侧电压。

关闭点火开关，实测值为 12.125 V，正常值为 11~14 V，数值正常，说明 B+给 EF31 熔断器供电正常。

⑤测量 EF31 熔断器 CA70/12 侧电压。

关闭点火开关，实测值为 0.322 V，正常值为 11~14 V，数值异常，说明 EF31 熔断器自身存在故障，如图 3.62 所示。

图 3.62　测量 EF31 熔断器电压

⑥测量 EF31 熔断器电阻。

拔下 EF31 熔断器，实测值为∞，正常值<1 Ω，数值异常。

⑦确定故障点为：EF31（10 A）熔断器断路。故障机理：因 EF31 熔断器断路，导致电机控制器供电中断，如图 3.63 所示。

⑧电机控制器与 BMS 等通信丢失，仪表系统故障灯点亮，"READY" 灯不亮。

（9）修复故障：

①关闭点火开关。

②断开蓄电池负极电缆，并做好防护。

③更换 EF31（10 A）熔断器。

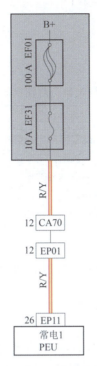

图 3.63　电机控制器电源线部分电路图

（10）验证故障：

①打开点火开关，查看仪表信息，仪表正常，如图 3.64 所示。

图 3.64　车辆正常上电

②起动点火开关，仪表"READY"灯点亮。

③读取解码器信息，电机控制器无故障码。

二、故障诊断任务工单

1. 前期准备（表3.11）

表3.11　前期准备

作业项目	作业内容	备注
前期准备	□ 安装车轮挡块，设置隔离栏和警示牌； □ 检查绝缘手套、护目镜、安全帽； □ 穿绝缘鞋并检查外观是否破损； □ 佩戴护目镜、安全帽； □ 检查工具（绝缘检测仪、万用表、绝缘垫）	开始诊断前做好安全防护，并检查工量具是否完好

2. 车辆铭牌信息记录（表3.12）

表3.12　车辆铭牌信息记录

作业项目	信息记录
整车型号	
工作电压	
电池容量	
车辆识别代码	
电机型号	
里程表读数	

3. 诊断排故过程（表3.13）

表3.13　诊断排故过程

作业项目	作业内容	备注
故障现象确认	注：填写主要故障现象即可	确认故障症状并记录症状现象
模块通信状态及故障码检查		
确定故障范围	结合仪表现象、诊断数据和电路图分析，最有可能的故障范围：	
测量步骤	<table><tr><td>部件/线路范围</td><td>检查或测试后的判断结果</td></tr><tr><td></td><td>□正常　□不正常</td></tr><tr><td></td><td>□正常　□不正常</td></tr><tr><td></td><td>□正常　□不正常</td></tr><tr><td></td><td>□正常　□不正常</td></tr><tr><td></td><td>□正常　□不正常</td></tr><tr><td></td><td>□正常　□不正常</td></tr></table>	

续表

作业项目	作业内容			备注
故障部位确认和排除	故障类型	确认故障位置	排除处理说明	
	线路故障		□更换□维修□调整	
	元件故障		□更换□维修□调整	
维修后确认车辆是否正常	检查项目	检查结果		
	仪表指示灯显示	□正常　□不正常		
	OK/READY 灯	□点亮　□不亮		
	故障码	□无　　□有　DTC：_____		
5S 管理	□ 拆卸翼子板布和前格栅布； □ 拆卸一次性座椅套、地板垫、转向盘套并投入垃圾桶； □ 清洁车身； □ 清洁整理工具、检测设备； □ 清洁工位、场地			

评价标准

考核内容			考核评分		
项目	内容		配分	得分	批注
工作准备 （20分）	能够正确理解工作任务内容、要求		5		
	能够根据汽车铭牌、VIN 码填写相关信息		5		
	检查场地、工具设备		5		
	能够正确穿戴防护及劳保用品		5		
执行任务过程 （60分）	故障现象确认		10		
	模块通信状态及故障码检查		10		
	确定故障范围		10		
	测量步骤		10		
	故障部位确认和排除		10		
	维修后确认车辆是否正常		10		
职业素养 （20分）	人身安全、设备安全注意事项		5		
	设备、工量具复位		5		
	清洁、整理工作场地		5		
	工单填写完整、规范		5		

作业

1. 用来检测驱动电机工作的实际电流（包括母线电流、三相交流电流）的传感器为（　　）。
  A. 电流传感器　　　　　B. 温度传感器　　　　　C. 电压传感器
2. 旋变传感器的励磁线圈一般通入（　　）。
  A. 直流电　　　　　　　B. 交流电　　　　　　　C. 不确定
3. 三相交流电的相序由 A—B—C 变为 A—C—B，驱动电机将会（　　）。
  A. 旋转方向改变　　　　B. 旋转方向不变　　　　C. 驱动电机停止运转
4. 驱动电机中安装的旋变传感器一般有（　　）根线。
  A. 2　　　　　　　　　　B. 4　　　　　　　　　　C. 6
5. 永磁同步电机主要由_____、_____和其他附件组成。
6. 驱动电机将_____转换为_____为车辆行驶提供驱动力的电气装置；在能量回收阶段也可以具备将_____转换成_____的功能。
7. 判断：永磁同步电机的定子有磁性。　　　　　　　　　　　　　　　　（　　）
8. 判断题：永磁同步电机的三相绕组是安装在定子上的，定子是固定不动的。
　　　　　　　　　　　　　　　　　　　　　　　　　　　　　　　　（　　）
9. 电机控制器的主要工作是什么？
10. 旋变传感器的作用和组成是什么？
11. 永磁同步电机作为电动机时的工作原理是什么？
12. 驱动系统拆装的流程和步骤是什么？

模块小结

一、驱动电机系统基础知识及电路分析、诊断

1. 汽车的电驱动系统主要由驱动电机、电机控制器、减速器、电机冷却系统等组成。单电机的电动汽车上常采用永磁同步电机，是一种典型的驱动电机。永磁同步电机主要由机座、定子、转子、转子位置传感器（旋变传感器）、端盖等组成。

2. 旋变传感器线圈包括励磁线圈、正弦线圈、余弦线圈。三组线圈组成一个传感器，传感器外接线束一共 6 根线，两两为一组。其中，励磁线圈由电机控制器提供交流电压。

3. 驱动系统工作过程。整车控制器根据加速踏板、制动踏板、挡位、制动助力器真空度等信号通过 CAN 网络向电机控制器驱动电车控制器发送指令，实时调节驱动电机的扭矩输出，以实现整车的怠速、加速、能量回收等功能。

4. 转矩产生原理。

5. 旋转磁场产生原理。

6. 驱动电机控制系统电路分析及诊断。以吉利帝豪 EV300 为例对驱动电机控制系统的电路进行分析，分析电源、CAN、高压互锁、旋变传感器、温度传感器等线路的原理及正常数值，其中，影响整车高压上电的线路包括该系统的电源、CAN、高压互锁、旋变传

感器等，各故障的现象和诊断思路依据仪表现象和诊断仪故障码综合分析，对相应线路进行检测，将实测值与正常值进行比对，最终确定故障点。

二、驱动系统装配与调试

1. 运用万用表、绝缘测试仪、毫欧表、磁座百分表、高斯计、推拉力计、世达工具套装等工具拆装和检测驱动电机。

2. 驱动电机拆装与测试步骤：

（1）定子装配与测试。

（2）转子装配与测试。

（3）定子、转子合装与测试。

（4）旋变传感器装配与测试。

3. 驱动电机完成安装以后，需要进行驱动电机的检验与测试，确保驱动电机达到质量标准。驱动电机总成测试与验证的参考标准为《新能源汽车装调与测试职业技能等级证书（中级）》《电动汽车用驱动电机系统　第1部分：技术条件》（GB/T 18488.1—2015）《电动汽车用驱动电机系统　第2部分：试验方法》（GB/T 18488.2—2015）。

4. 驱动系统部件拆卸与安装。

（1）从整车上将驱动系统部件拆卸。

（2）完成安装前检查。

（3）完成电机控制器等部件安装。

（4）进行电机性能检查。

5. 驱动系统常见故障诊断与排除。

模块四

新能源汽车空调系统高压部件装配与调试

【知识目标】

1. 能描述新能源汽车空调系统工作原理。
2. 能描述新能源汽车空调系统的组成及结构。
3. 能进行新能源汽车空调系统相关电路测量及部件检测。

【技能目标】

1. 能识读新能源汽车空调系统电路图。
2. 掌握新能源汽车空调系统常见故障检测与排除。

【素质目标】

1. 培养理论联系实际的能力，具备运用理论知识解决实际问题的能力。
2. 培养独立思考、专注细致、精益求精的精神。
3. 培养安全意识、标准操作意识的职业素养。

任务　装配与调试新能源汽车空调系统高压部件

 相关知识

子任务1　认知新能源汽车空调系统

一、汽车空调系统功能

新能源汽车空调系统是实现对车厢内空气进行制冷、加热、换气和空气净化的装置，调节汽车内空气温度和湿度，其功能如图4.1所示。它可以为乘车人员提供舒适的乘车环境，降低驾驶员的疲劳强度，提高行车安全。

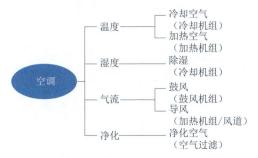

图4.1　汽车空调的功能

二、新能源汽车空调系统的组成

新能源汽车空调制冷循环系统组成与传统车辆类似，由电动压缩机、冷凝器、膨胀阀、PTC加热器及管路等组成，如图4.2所示，只是空调压缩机改为电动压缩机。

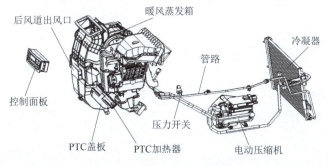

图4.2　新能源汽车制冷系统结构

制冷剂在制冷循环过程中的状态变化过程如图4.3所示。

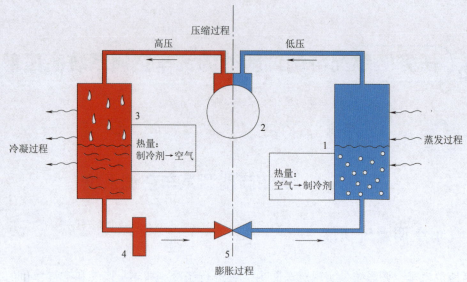

图4.3　制冷剂在制冷循环过程中的状态变化过程

1—蒸发器；2—压缩机；3—冷凝器；4—干燥罐；5—膨胀阀

制冷循环系统工作时各点的压力和温度如图4.4所示。

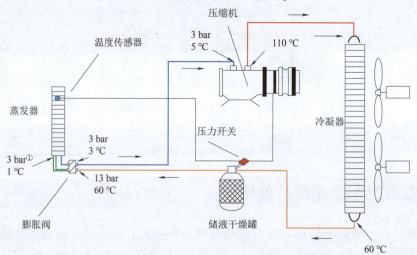

图4.4　制冷循环系统工作时各点的压力和温度

三、新能源汽车空调系统各部件功能

1. 电动空调压缩机

电动空调压缩机的结构如图4.5所示。

---

① 巴，1 bar = 100 kPa。

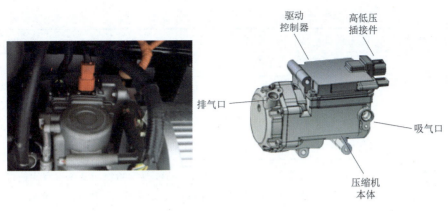

图 4.5　电动压缩机的结构

　　其功用是将蒸发器出来的低温低压的气态制冷剂压缩后，变成高温高压的气态制冷剂，然后送到冷凝器进行冷却变为制冷剂液体。电动空调压缩机固定在车辆的底盘上，在电动空调压缩机上集成有压缩机驱动控制器。

　　电动压缩机上布置有高压插头和低压插头，压缩机本体上有制冷剂循环的进出管路。

　　1）电动压缩机的内部结构（图 4.6）

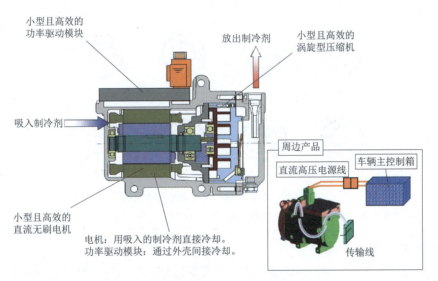

图 4.6　电动压缩机的内部结构

　　常见车型电动压缩机电路引脚定义如表 4.1 所示。

表 4.1　常见车型电动压缩机电路引脚定义

插接件	接口	接口定义	备注
高压两芯（动力接口）	A	高压正	控制器与动力电池连接
	B	高压负	

插接件	接口	接口定义	备注
低压六芯 （控制信号接口）	1	12 V DC 正极	
	2	空调开关信号输入	高电平或悬空为关闭（OFF），低电平或接地为开启（ON）。 高电平输入范围：5~15 V DC，15 mA；低电平输入范围：0~0.8 V DC，15 mA
	3	空调调速信号输入	信号形式为 400 Hz PWM 占空比信号，电压：0~15 V，高电平 5~15 V，15 mA，低电平 0~0.8 V
	4	12 V DC 负极	
	5	CAN-H 接口	
	6	CAN-L 接口	

2）涡旋式空调压缩机工作过程

电动空调压缩机内部工作过程如图 4.7 所示。

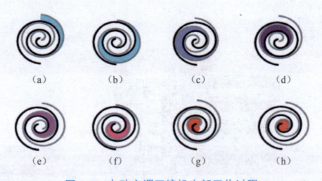

图 4.7　电动空调压缩机内部工作过程

（a）吸气；（b）吸气终止；（c）压缩；（d）、（e）再压缩；（f）压缩终了；（g）、（h）排气

2. 冷凝器

冷凝器是用于将制冷剂所含热量释放，并将制冷剂由气态转变成液态的热交换器。冷凝器总是安装在车辆的前部，风扇将风吹过散热装置，以利于排出热量。来自压缩机的制冷剂以高温高压的气态形式从顶部进入冷凝器。经过冷凝器时，制冷剂丢失它所含的大量热量并凝集在底部。在冷凝器出口，制冷剂处于高压低温液态。制冷剂在冷凝器内部流动状态如图 4.8 所示。

3. 膨胀阀结构及作用

节流降压：使从冷凝器过来的高温高压液体制冷剂节流降压成为容易蒸发的低温低压雾状制冷剂进入蒸发器，即分开了制冷剂的高压侧和低压侧自动调节制冷剂流量，根据制冷负荷的改变和压缩机转速的变化，自动调节制冷剂进入蒸发器的流量以满足制冷循环的需要。电动汽车常用的 H 形膨胀阀如图 4.9 所示。

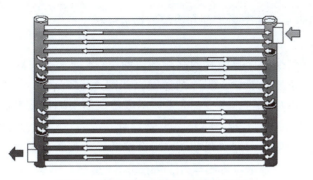

图 4.8　制冷剂在冷凝器内部流动状态

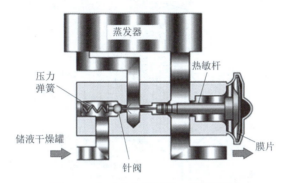

图 4.9　电动汽车常用的 H 形膨胀阀

4. 干燥罐

干燥罐安装在冷凝器和膨胀阀之间，其结构如图 4.10 所示。干燥罐可以吸收当膨胀阀开闭时引起的负载变化和减缓压缩机工作引起的脉冲。干燥和过滤膨胀阀因固态杂质和水分造成堵塞。当冷却回路拆开后，重新安装时必须更换干燥罐。干燥罐在空气中的暴露时间不得超过 5 min。

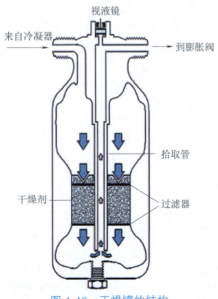

图 4.10　干燥罐的结构

注意：现在很多车型的干燥罐都和冷凝器做成一体。

5. 蒸发器

蒸发器是一个热交换器，减压后的制冷剂以液/气态进入蒸发器，蒸发器中的制冷剂吸收进入车内的外部空气的热量，制冷剂蒸发，如图 4.11 所示。在蒸发器出口处，制冷剂呈低压低温气态。在蒸发器处安装有蒸发器温度传感器来测量蒸发器温度，当蒸发器温度低于一定温度时空调停止运转，防止蒸发器结霜、结冰。当蒸发器温度高于一定温度时，空调系统才能重新接通，是空调电气控制系统的一个保护性传感元件。制冷过程中由水蒸汽冷凝得到的水通过排水口排出车外，如图 4.11 所示。

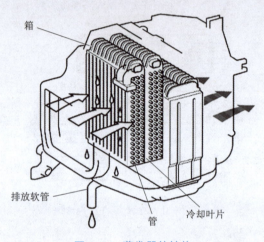

箱

排放软管

管

冷却叶片

图 4.11   蒸发器的结构

6. 空调管路

空调管路把各种制冷零件连接在一起构成一个循环系统，主要由压缩机–冷凝器、冷凝器–干燥器、干燥器–蒸发器、蒸发器–压缩机四根管路总成组成。

连接管的直径是不同的：蒸发器与压缩机间的连接管直径最大；压缩机与冷凝器间的连接管直径居中；冷凝器、干燥罐、膨胀阀间的连接管直径最小。压缩机的吸入管和压出管都是软管，以便减少发动机和压缩机产生的振动。

子任务 2　分析空调系统控制电路

一、新能源汽车空调电动压缩机控制逻辑

A/C 自动空调控制模块接收到 A/C 开关置于 ON 信号，结合空调压力开关的高低压力开关信号、蒸发器温度传感器信号，确定空调管路压力在正常范围、蒸发器温度传感器信号也在正常范围。A/C 自动空调控制模块通过 CAN 给新能源汽车整车控制器发出电动空调压缩机可以工作的请求信号，整车控制器结合动力电池组存电状态、电机工作负荷状态确定是否通过 CAN Bus 网络系统给电动压缩机下达工作指令。

二、以吉利 EV300 汽车为例进行空调电动压缩机控制电路分析

1. 空调电动压缩机控制电路

吉利 EV300 空调电动压缩机控制电路如图 4.12 所示。

电动压缩机低压插头共有 6 根低压线路，其作用如表 4.2 所示。

表 4.2　电动压缩机低压插头的作用

序号	针脚号	功能	备注
1	EP07/7	电动压缩机电源正极	
2	EP07/8	电动压缩机电源负极	
3	EP07/2	电动压缩机 CAN Bus 系统的 CAN-H 线	
4	EP07/1	电动压缩机 CAN Bus 系统的 CAN-L 线	
5	EP07/5	电动压缩机 HVIL IN 线	高压互锁
6	EP07/6	电动压缩机 HVIL OUT 线	高压互锁

2. 电动压缩机电路控制原理

（1）12 V 电源电路控制。

①点火开关置于 ON 挡，VCU 给主继电器线圈提供负极，主继电器闭合，给热管理继电器 ER13 线圈提供正极。

②按下空调控制面板的 A/C 开关后，A/C 自动空调模块给热管理继电器 ER13 线圈提供负极。ER13 继电器常开触点闭合，ER13 给压缩机提供 12 V 电源正极。

（2）电动压缩机高压插头处于连接状态时，电动压缩机内部的高压互锁开关处于闭合状态，高压互锁分线盒的 EP01-1 端子线路电压信号正常。高压互锁分线盒通过 CAN Bus 网络系统给 VCU 发送高压互锁正常的信号。

（3）A/C 自动空调模块如果检测到空调管路压力在正常范围内、蒸发器温度信号在正常范围内、动力电池组存电量正常、驱动电机负荷在正常范围内，VCU、A/C 自动空调模块通过 CAN Bus 网络系统给电动压缩机控制模块发出工作指令，电动压缩机控制模块控制电动压缩机按一定速度输出相应的排气量。

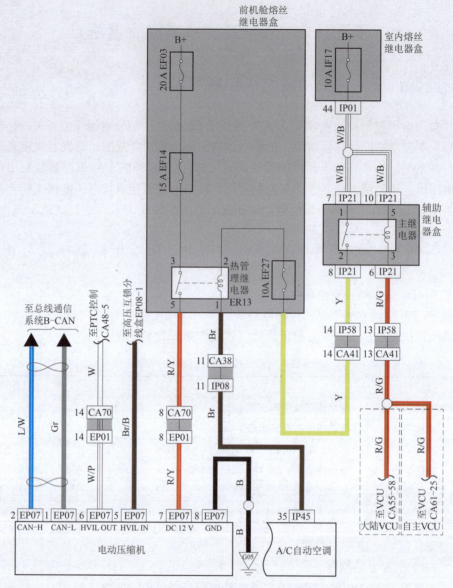

图 4.12　吉利 EV300 空调电动压缩机控制电路

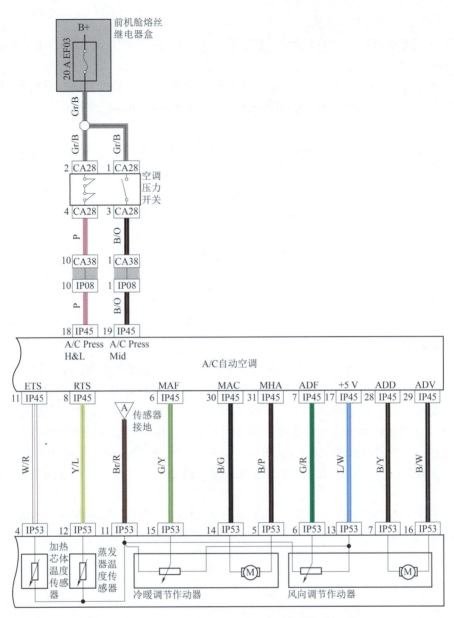

图 4.12　吉利 EV300 空调电动压缩机控制电路（续）

3. 空调压力开关

1）空调压力开关各端子功能（表 4.3）

表 4.3　空调压力开关各端子功能

序号	针脚号	功能	备注
1	CA28/1	空调压力开关电源线	
2	CA28/2	空调压力开关电源线	
3	CA28/3	空调压力开关高低压力信号线	管路压力高于 3.14 MPa 或低于 0.2 MPa 触点断开
4	CA28/4	空调压力开关中压压力信号线	管路压力高于 1.7 MPa 触点接通

2）空调压力开关电路分析

（1）蓄电池 B+通过 EF03 熔断器给空调压力开关的 CA28/1、CA28/2 端子提供 12 V 正极。

（2）管路压力高于 3.14 MPa 或低于 0.2 MPa 触点断开，A/C 自动空调的 IP45/18 号端子电压为 0 V，A/C 自动空调判断缺少制冷剂，通过 CAN Bus 网络系统发出禁止电动压缩机工作的指令。

（3）当管路压力高于 1.6 MPa 时，A/C 自动空调的 IP45/18 号端子电压为 12 V，A/C 自动空调模块通过 CAN Bus 网络系统发出冷却风扇高速转动指令。

4. 蒸发器温度传感器

1）蒸发器温度传感器端子功能（表 4.4）

表 4.4　蒸发器温度传感器端子功能

序号	针脚号	功能	备注
1	IP53/12	蒸发器温度传感器信号线	
2	IP53/11	蒸发器温度传感器负极线	

2）蒸发器温度传感器电路分析

蒸发器温度传感器是负温度系统的热敏电阻，阻值随温度升高而减小、随温度降低而增大。A/C 自动空调控制模块 IP45/8 在内部通过一个固定电阻后连接到 IP53/12 端子，连接蒸发器温度传感器后通过 IP53/11 端子到蓄电池负极。A/C 自动空调控制模块根据 IP45/8 端子的电压计算出蒸发器温度传感器的电阻值，再根据电阻值确定传感器的温度值从而确定蒸发器传感器安装位置的温度值。当 A/C 自动空调控制模块检测到蒸发器传感器温度低于 0 ℃时，A/C 自动空调控制模块通过 CAN Bus 网络系统发出电动压缩机停止工作的指令。

A/C 开关装在空调控制面板上，无外接线路。A/C 自动空调控制模块和空调控制面板是制成一体的，A/C 开关信号可以直接传给 A/C 自动空调控制模块。

子任务 3　测量新能源汽车空调系统电路

一、汽车空调系统部件测量（以吉利 EV300 车型为例）

1. 空调压缩机部件低压插头测量

（1）用数字万用表测量电动压缩机低压插头各端子电压并填表 4.5，通过电压值判断电动压缩机部件及相关电路是否正常。

表 4.5　电动压缩体机低压插头各端子电压

序号	针脚号	测试条件	测试值	测试结果	好坏判断
1	EP07/7 与 EP07/8 之间电压	点火开关置于 ON 挡，A/C 开关置于 ON 挡，在线测量			
2	EP07/2 与负极之间电压	点火开关置于 ON 挡，在线测量			
3	EP07/1 与负极之间电压	点火开关置于 ON 挡，在线测量			
4	EP07/6 与负极之间电压	点火开关置于 ON 挡，在线测量			
5	EP07/5 与负极之间电压	点火开关置于 ON 挡，在线测量			

（2）用双通道测量 CAN-H 和 CAN-L 波形，并画在下面绘图区。

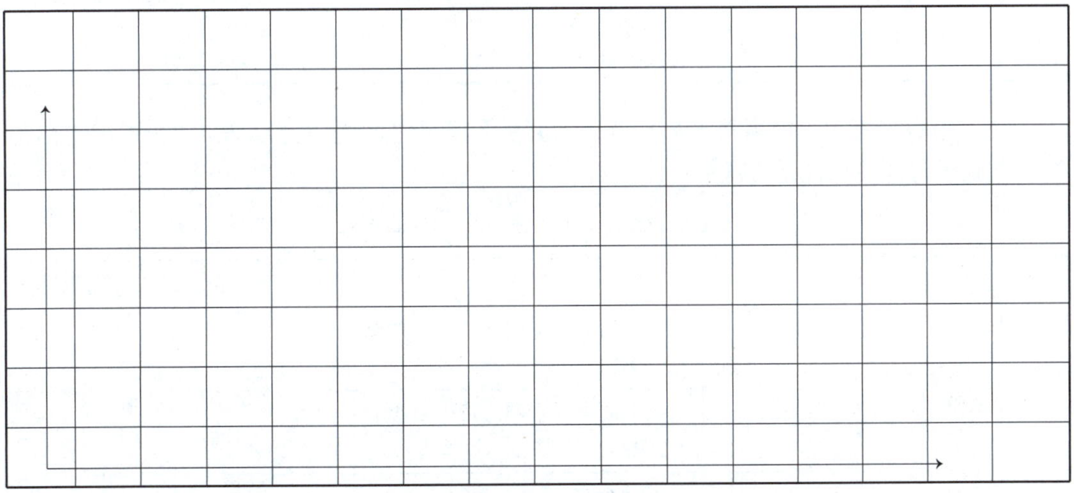

（3）用双通道同时测量 EP07/6 和 EP07/5 两端子（高压互锁信号）波形，并画在下面绘图区。

（空白绘图表格）

2. 压力开关测量

（1）用数字万用表电压挡测量空调压力开关各端子电压并填表 4.6，通过电压值判断空调压力开关部件及相关电路是否正常。

表 4.6　空调压力开关各端子电压

序号	针脚号	测试条件	测试值	测试结果	好坏判断
1	CA28/2 与负极之间电压	点火开关置于 OFF 挡			
2	CA28/1 与负极之间电压	点火开关置于 OFF 挡			
3	CA28/2 与负极之间电压	空调管路压力高于 3.14 MPa，在线测量			
		空调管路压力低于 0.2 MPa，在线测量			
4	CA28/1 与负极之间电压	空调管路压力高于 1.6 MPa，在线测量			

（2）用数字万用表电阻挡测量空调压力开关各端子之间电阻并填表 4.7，通过电阻值判断空调压力开关部件是否正常。

表 4.7　空调压力开关各端子之间电阻

序号	针脚号	测试条件	测试值	测试结果	好坏判断
1	CA28/2 与 CA28/4 之间电阻	拔下插头，空调管路压力高于 3.14 MPa			
		拔下插头，空调管路压力低于 0.2 MPa			
2	CA28/1 与 CA28/3 之间电阻	空调管路压力高于 1.6 MPa，在线测量			

3. 蒸发器温度传感器测量

用数字万用表电压挡测量蒸发器温度传感器各端子电压并填表 4.8,通过电压值判断蒸发器温度传感器部件及相关电路是否正常。

表 4.8　蒸发器温度传感器各端子电压

序号	针脚号	测试条件	测试值	测试结果	好坏判断
1	IP53/12 与负极之间电压	点火开关置于 ON 挡、A/C 开关置于 ON 挡,在线测量			
		拔下插头,点火开关置于 ON 挡、A/C 开关置于 ON 挡			
2	IP53/12 与 IP53/11 之间电压	点火开关置于 OFF 挡,拔下插头 IP53			

二、读取数据流

用通用或专用检测仪进入汽车空调系统读取相关数据流,并填表 4.9。

表 4.9　汽车空调数据流

名称	读取条件	数据
A/C 开关状态	按下开关	
	未按下开关	
蒸发器温度传感器	常温下	
高低压力开关状态		
中压开关		
电动压缩机转速	点火开关置于 ON 挡,A/C 开关置于 ON 挡	
电动压缩机高压直流电源电压值	点火开关置于 ON 挡,A/C 开关置于 ON 挡	
电动压缩机温度	点火开关置于 ON 挡,A/C 开关置于 ON 挡	
电动压缩机工作电流	点火开关置于 ON 挡,A/C 开关置于 ON 挡	

评价标准

考核内容		考核评分		
项目	内容	配分	得分	批注
工作准备 (20分)	能够正确理解工作任务内容、要求	5		
	检查场地、工具设备	7		
	能够正确穿戴防护及劳保用品	8		

考核内容		考核评分		
执行任务过程 （60分）	空调压缩机部件低压插头	20		
	压力开关测量	20		
	蒸发器温度传感器	10		
	读取空调系统数据流	10		
职业素养 （20分）	人身安全、设备安全注意事项	5		
	设备、工量具复位	5		
	清洁、整理工作场地	5		
	工单填写完整、规范	5		

子任务 4　诊断与排除新能源汽车空调系统高压故障

一、新能源汽车电动空调压缩机不工作的故障原因分析

根据新能源汽车空调控制逻辑，电动空调压缩机不工作的故障原因可能有电动压缩机及相关电路、A/C 自动控制模块及相关电路、空调控制面板及相关电路、压力开关及相关电路、蒸发器温度传感器及相关电路故障，制冷剂数量太多或太少。

二、故障诊断流程

（1）点火开关置于 ON 状态，做以下检查。
①仪表显示是否正常（动力电池存电量、挡位指示灯是否点亮）。
②上电是否正常（READY 灯是否点亮）。
③控制鼓风机工作、按下 A/C 开关，感受出风口风速及温度是否正常；检查冷凝风扇是否工作。
（2）接上故障检测仪，读取与空调工作相关故障码、数据流；如果无法进入空调系统读取故障码和数据流，则立即检查相应控制模块的电源正负极电路、相应的 CAN Bus 网络系统。
（3）根据故障码和数据流提示，利用数字万用表、钳形电流表、示波器对相关部件及线路进行故障检测，并记录相关的检测数据。
（4）根据检测结果确认故障原因，排除故障，分析故障机理。

三、根据故障检测过程填写作业记录单

1. 前期准备（表 4.10）

表 4.10　前期准备

作业项目	作业内容	备注
前期准备	□ 安装车轮挡块，设置隔离栏和警示牌； □ 检查绝缘手套、护目镜、安全帽； □ 穿绝缘鞋并检查外观是否破损； □ 佩戴护目镜、安全帽； □ 检查工具（绝缘检测仪、万用表、绝缘垫）	开始诊断前做好安全防护，并检查工量具是否完好

2. 车辆铭牌信息记录（表 4.11）

表 4.11　车辆铭牌信息记录

作业项目	信息记录
整车型号	

续表

作业项目	信息记录
动力电池组工作电压	
动力电池组电池容量	
车辆识别代码	
电机型号	
里程表读数	

3. 故障诊断排故过程（表4.12）

表 4.12　故障诊断排故过程

作业项目	作业内容	备注
故障现象确认		确认故障症状并记录症状现象
模块通信状态及故障码、相关数据流检查		
分析故障原因		

作业项目	作业内容	备注
测量步骤、方法、结果		
确定故障		
故障排除方法		
维修后确认车辆是否正常	<table><tr><td>检查项目</td><td></td></tr><tr><td>仪表指示灯显示</td><td>□正常　□不正常</td></tr><tr><td>OK/READY 灯</td><td>□点亮　□不亮</td></tr><tr><td>故障码</td><td>□无　□有 DTC：_____</td></tr></table>	
5S 管理	□ 拆卸翼子板布和前格栅布； □ 拆卸一次性座椅套、地板垫、转向盘套并投入垃圾桶； □ 清洁车身； □ 清洁整理工具、检测设备； □ 清洁工位、场地	

评价标准

考核内容			考核评分		
项目	内容	配分	得分	批注	
工作准备 （20分）	能够正确理解工作任务内容、要求	5			
	检查场地、工具设备	5			
	能够正确穿戴防护及劳保用品	5			
	车辆铭牌信息记录	5			
执行任务过程 （60分）	故障现象确认	5			
	读取故障码、数据流	5			
	分析故障原因	10			
	测量步骤、方法、结果	20			
	确定故障	10			
	排除故障	5			
	维修后确认车辆是否正常	5			
职业素养 （20分）	人身安全、设备安全注意事项	5			
	设备、工量具复位	5			
	清洁、整理工作场地	5			
	工单填写完整、规范	5			

模块小结

1. 新能源汽车空调系统是实现对车厢内空气进行制冷、加热、换气和空气净化的装置，由电动空调压缩机、冷凝器、膨胀阀、蒸发器及管路组成。

2. 新能源汽车空调电动压缩机控制逻辑：

A/C 自动空调控制模块接收到 A/C 开关 "ON" 信号，结合空调压力开关的高低压力开关信号、蒸发器温度传感器信号，确定空调管路压力在正常范围、蒸发器温度传感器信号也在正常范围。A/C 自动空调控制模块通过 CAN 给新能源汽车整车控制器发出电动空调压缩机可以工作的请求信号，整车控制器结合动力电池组存电状态、电机工作负荷状态确定是否通过 CAN Bus 网络系统给电动压缩机下达工作指令。

3. 新能源汽车空调压缩机不工作故障诊断流程：

（1）做好故障检修的检测设备和场地准备工作。

（2）确认并记录故障现象。

（3）读取电动压缩机不工作相关故障码和数据流，如蒸发器温度传感器、压力开关、空调请求信号、电动压缩机工作电压等数据是否异常，初步确定故障原因。

（4）如果无法进入电动压缩机数据流界面，但可以进入其他控制系统界面，说明电动压缩机控制器低压电源电路、CAN 网络系统电路故障。

（5）对可能存在故障的部件和线路进行测量，并判断是否正常。

（6）确定故障原因，排除故障，验证汽车空调压缩机是否正常工作、汽车空调制冷效果是否正常。

新能源汽车装配下线后无法高压上电常见故障诊断

【知识目标】

1. 能根据故障现象、参考车型资料，正确分析故障原因，制定故障检测流程，分析检测数据，确定由于低压系统故障而导致无法高压上电的故障原因。

2. 能根据故障现象、参考车型资料，正确分析故障原因，制定故障检测流程，分析检测数据，确定由于绝缘故障而导致无法高压上电的故障原因。

3. 能根据故障现象、参考车型资料，正确分析故障原因，制定故障检测流程，分析检测数据，确定由于动力电池组及相关电路故障而导致无法高压上电的故障原因。

4. 能根据故障现象、参考车型资料，正确分析故障原因，制定故障检测流程，分析检测数据，确定由于电机、电机控制器及相关电路故障导致无法高压上电的故障原因。

【技能目标】

1. 能利用数字万用表、示波器对引起高压无法上电的低压系统进行相关检测，并正确分析检测数据，准确判断无法高压上电的故障原因。

2. 能利用数字万用表、示波器、绝缘检测仪对引起高压无法上电的绝缘故障相关电路、部件进行检测，并正确分析检测数据，准确判断无法高压上电的故障原因。

3. 能利用数字万用表、示波器、绝缘检测仪对动力电池组及相关电路进行相关检测，并正确分析检测数据，准确判断无法高压上电的故障原因。

4. 能利用数字万用表、示波器、绝缘检测仪对电机、电机控制器及相关电路进行相关检测，并正确分析检测数据，准确判断无法高压上电的故障原因。

【素质目标】

1. 具备计划严密的思维和素质。

2. 培养作业现场安全意识和标准操作意识。

3. 培养提出问题、分析问题和解决问题的能力。

4. 强化团队协作意识，培养集体主义精神。

线上自学

1. 车载充电机故障检修　　2. 低压供电故障检修　　3. 低压供电继电器故障检修　　4. 高压互锁故障检修

5. 绝缘电阻测量　　6. 车载充电机 CC 故障检修　　7. BMS 系统故障检修　　8. VCU 系统故障检修

 任务 诊断与排除无法高压上电常见故障

 相关知识

子任务 1 诊断与排除低压系统导致无法高压上电的故障

以 2020 款比亚迪秦 EV 为例进行低压系统影响无法上电故障诊断与排除，其诊断流程如图 5.1 所示。

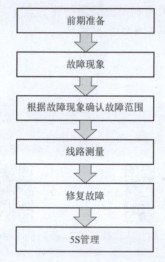

图 5.1 低压系统无法上电故障诊断流程

一、前期准备

（1）安装车轮挡块，设置隔离栏和警示牌。

（2）检查绝缘手套、护目镜、安全帽。

（3）穿绝缘鞋。

（4）检查工具（绝缘检测仪、万用表、绝缘垫）。

（5）记录车辆基本信息。

二、故障现象确认

无钥匙进入异常，踩下制动踏板，打开点火开关，仪表 OK 灯不亮，高压不上电，

SOC正常，主警告灯点亮，动力系统故障指示灯点亮，仪表显示："EV功能受限"，如图5.2所示。

图5.2 仪表显示

使用解码器读取故障码：在电池管理器系统中读到P1A3400预充失败，如图5.3所示。

图5.3 解码器读取到的故障码

三、确定故障范围

图5.4所示为比亚迪秦电池管理器电路图，根据故障现象与故障码判断，该故障可能原因为：

（1）预充接触器元件及其线路故障。

（2）电池管理器预充接触器相关控制及其线路故障。

（3）电池管理器内部故障。

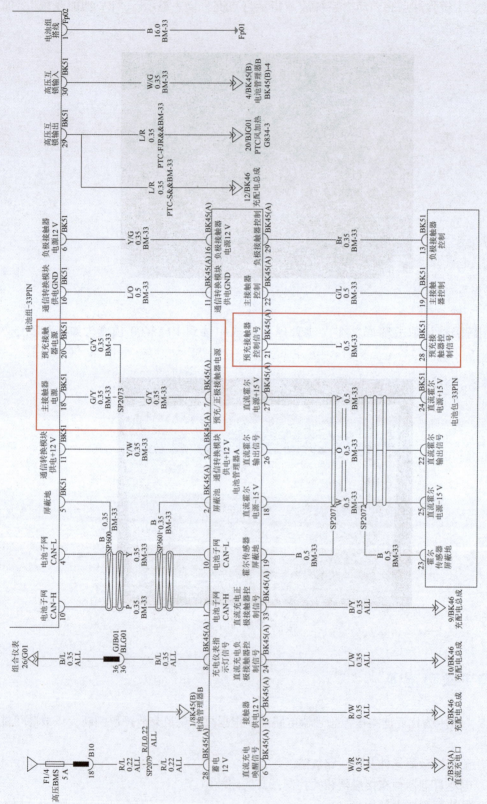

图 5.4 比亚迪秦电池管理器电路图

四、测量过程

（1）测量蓄电池两端电压为 12 V（正常值为 11～14 V），正常。

（2）ON 挡，使用万用表与背插针测量 BK45（A）/7 脚对地电压为 12 V（正常值为蓄电池电压），正常，说明电池管理系统对预充接触器输出了 12 V 电。

（3）ON 挡，使用万用表与背插针测量 BK51/20 脚对地电压为 12 V（正常值为蓄电池电压），正常，说明 BK45（A）/7-BK51/20 这段线路正常。

（4）踩制动踏板，打开点火开关，使用万用表与背插针测量 BK51/28 脚对地电压为 12 V（正常值为 12 V→0 V→12 V 的变化值），异常，说明电池管理器电源对预充接触器的控制回路异常。

（5）踩制动踏板，打开点火开关，使用万用表与背插针测量 BK45（A）/21 脚对地电压为 0 V（正常值为 12 V→0 V→12 V 的变化值），异常，说明电池管理器对预充接触器的控制线路存在问题。

（6）关闭点火开关，断开负极，断开 BK51、BK45（A）插头，使用万用表测量 BK51/28-BK45（A）/21 脚线路之间电阻为无穷大，异常，说明 BK51/28-BK45（A）/21 脚线路之间断路。

五、修复故障

沿着线束找出线路之间的故障点并进行维修后重新上电，仪表 OK 灯点亮，挂挡后可正常行驶，故障成功修复。正常状态的仪表显示如图 5.5 所示。

图 5.5　正常状态的仪表显示

六、5S 管理

（1）拆卸翼子板布和前格栅布。

（2）拆卸一次性座椅套、地板垫、转向盘套并投入垃圾桶。

（3）清洁车身。

（4）清洁整理工具、检测设备、场地、工位。

七、作业工单记录

1. 前期准备（表 5.1）

表 5.1　前期准备

作业项目	作业内容	备注
前期准备	□ 安装车轮挡块，设置隔离栏和警示牌； □ 检查绝缘手套、护目镜、安全帽； □ 穿绝缘鞋并检查外观是否破损； □ 佩戴护目镜、安全帽； □ 检查工具（绝缘检测仪、万用表、绝缘垫）	开始诊断前做好安全防护，并检查工量具是否完好

2. 车辆铭牌信息记录（表 5.2）

表 5.2　车辆铭牌信息记录

作业项目	信息记录
整车型号	
工作电压	
电池容量	
车辆识别代码	
电机型号	
里程表读数	

3. 诊断排故过程（表 5.3）

表 5.3　诊断排故过程

作业项目	作业内容	备注
故障现象确认	注：填写主要故障现象即可。	确认故障症状并记录症状现象

·续表

作业项目	作业内容	备注
模块通信状态及故障码检查		
确定故障范围	结合仪表现象、诊断数据和电路图，分析最有可能的故障范围：	

作业项目	部件/线路范围	检查或测试后的判断结果		备注
测量步骤		□正常	□不正常	
		□正常	□不正常	
		□正常	□不正常	
		□正常	□不正常	
		□正常	□不正常	

作业项目	故障类型	确认故障位置	排除处理说明	备注
故障部位确认和排除	线路故障		□更换　□维修　□调整	
	元件故障		□更换　□维修　□调整	

作业项目	作业内容	备注
维修后确认车辆是否正常	<table><tr><td>检查项目</td><td>检查结果</td></tr><tr><td>仪表指示灯显示</td><td>□正常　□不正常</td></tr><tr><td>OK/READY 灯</td><td>□点亮　□不亮</td></tr><tr><td>故障码</td><td>□无　　□有 DTC：＿＿＿＿</td></tr></table>	
5S 管理	□ 拆卸翼子板布和前格栅布。 □ 拆卸一次性座椅套、地板垫、转向盘套并投入垃圾桶。 □ 清洁车身。 □ 清洁整理工具、检测设备。 □ 清洁工位、场地	

评价标准

考核内容		考核评分		
项目	内容	配分	得分	批注
工作准备 （20分）	能够正确理解工作任务内容、要求	5		
	检查场地、工具设备	5		
	能够正确穿戴防护及劳保用品	5		
	车辆铭牌信息记录	5		
执行任务过程 （60分）	故障现象确认	5		
	读取故障码、数据流	5		
	分析故障原因	10		
	测量步骤、方法、结果	20		
	确定故障	10		
	排除故障	5		
	维修后确认车辆是否正常	5		
职业素养 （20分）	人身安全、设备安全注意事项	5		
	设备、工量具复位	5		
	清洁、整理工作场地	5		
	工单填写完整、规范	5		

子任务 2　诊断与排除绝缘性能变差导致无法高压上电的故障

诊断流程如图 5.6 所示。

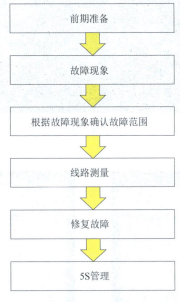

图 5.6　诊断流程

一、前期准备

绝缘电阻测量

（1）安装车轮挡块，设置隔离栏和警示牌。
（2）检查绝缘手套、护目镜、安全帽。
（3）穿绝缘鞋。
（4）检查工具（绝缘检测仪、万用表、绝缘垫）。
（5）记录车辆基本信息。

二、故障现象确认

无钥匙进入正常，进入车内，踩制动踏板，按起动开关，组合仪表正常点亮，仪表 OK 灯点亮，仪表提示"EV 功能受限"，如图 5.7 所示。

使用诊断仪读取故障码：在电池管理器系统中读到 P1A0000 严重漏电；在漏电传感器系统中读到 P1CA100 严重漏电；P1CA200 一般故障，如图 5.8 所示。

图 5.7　仪表提示 "EV 功能受限"

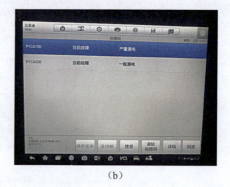

（a）　　　　　　　　　　　　　　　　（b）

图 5.8　诊断仪显示的故障
（a）电池管理器系统；（b）漏电传感器系统

三、确定故障范围

结合故障现象、故障码分析确定为漏电检测方面故障，可能故障原因为：

（1）动力电池、充配电总成、电机与驱动器、PTC、压缩机及相关高压线路漏电。

（2）漏电检测传感器或相关电路故障。

四、测量过程

注意：在需要断开动力母线插头时，需断开负极 5 min 后，佩戴绝缘手套、护目镜，方可断开动力电池母线插头，断开后需要进行验电，断开后的高压插头及线束需使用绝缘套防护。充配电总成内外部结构如图 5.9 所示。

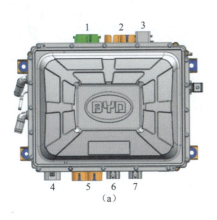

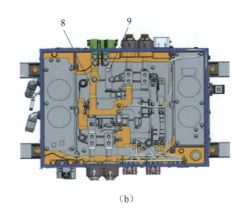

（a） （b）

序号	定义	对接说明
1	动力电池母线	连接动力电池
2	电机控制器插电	连接电机控制器
3	充电低压插头	连接低压线束
4	交流充电高压插头	连接交流充电口
5	直流充电高压接头	连接直流充电口
6	空调压缩机高压插头	连接空调电动压缩机
7	PTC 高压插头	连接 PTC
8	充配电总成内部 HV−	—
9	充配电总成内部 HV+	—

图 5.9 充配电总成内外部结构

（a）内部；（b）外部

（1）断开负极，断开动力电池母线，使用绝缘测试仪 1 000 V 挡测量动力母线接口 HV−（充配电端），对地绝缘电阻值>0.01 MΩ，判断为异常；正常值>1 MΩ，说明充配电相关元器件及其高压线路存在漏电故障。

（2）依次断开 PTC 插头、压缩机插头，使用绝缘测试仪 1 000 V 挡测量动力母线接口 HV−（充配电端），对地绝缘电阻值还是>0.01 MΩ，说明故障在充配电总成与电机控制器之间。

（3）打开充配电总成，断开电机控制器高压线束，使用绝缘测试仪 1 000 V 挡测量充配电内部 HV−，对地绝缘电阻值>0.01 MΩ，判断为异常，说明漏电故障在充配电总成内部。

五、修复故障

对故障点进行维修测试没问题后重新接好高压线束，让车辆重新上电，检查仪表是否正常，车辆是否还有故障存在，OK 灯是否点亮。

六、5S 管理

（1）拆卸翼子板布和前格栅布。
（2）拆卸一次性座椅套、地板垫、转向盘套并投入垃圾桶。
（3）清洁车身。
（4）清洁整理工具、检测设备、场地、工位。

七、作业工单记录

1. 前期准备（表 5.4）

表 5.4　前期准备

作业项目	作业内容	备注
前期准备	□ 安装车轮挡块，设置隔离栏和警示牌； □ 检查绝缘手套、护目镜、安全帽； □ 穿绝缘鞋并检查外观是否破损； □ 佩戴护目镜、安全帽； □ 检查工具（绝缘检测仪、万用表、绝缘垫）	开始诊断前做好安全防护，并检查工量具是否完好

2. 车辆铭牌信息记录（表 5.5）

表 5.5　车辆铭牌信息记录

作业项目	信息记录
整车型号	
工作电压	
电池容量	
车辆识别代码	
电机型号	
里程表读数	

3. 诊断排故过程（表 5.6）

表 5.6　诊断排故过程

作业项目	作业内容	备注
故障现象确认	注：填写主要故障现象即可。	确认故障症状并记录症状现象

作业项目	作业内容	备注
模块通信状态及故障码检查		
确定故障范围	结合仪表现象、诊断数据和电路图分析最有可能的故障范围：	
测量步骤	<table><tr><td>部件/线路范围</td><td colspan="2">检查或测试后的判断结果</td></tr><tr><td></td><td>□正常</td><td>□不正常</td></tr><tr><td></td><td>□正常</td><td>□不正常</td></tr><tr><td></td><td>□正常</td><td>□不正常</td></tr><tr><td></td><td>□正常</td><td>□不正常</td></tr><tr><td></td><td>□正常</td><td>□不正常</td></tr><tr><td></td><td>□正常</td><td>□不正常</td></tr></table>	

续表

作业项目	作业内容			备注
故障部位确认和排除	故障类型	确认故障位置	排除处理说明	
	线路故障		□更换 □维修 □调整	
	元件故障		□更换 □维修 □调整	
维修后确认车辆是否正常	检查项目	检查结果		
	仪表指示灯显示	□正常 □不正常		
	OK/READY 灯	□点亮 □不亮		
	故障码	□无 □有 DTC: _____		
5S 管理	□ 拆卸翼子板布和前格栅布； □ 拆卸一次性座椅套、地板垫、转向盘套并投入垃圾桶； □ 清洁车身； □ 清洁整理工具、检测设备； □ 清洁工位、场地			

评价标准

考核内容		考核评分		
项目	内容	配分	得分	批注
工作准备 （20分）	能够正确理解工作任务内容、要求	5		
	检查场地、工具设备	5		
	能够正确穿戴防护及劳保用品	5		
	车辆铭牌信息记录	5		
执行任务过程 （60分）	故障现象确认	5		
	读取故障码、数据流	5		
	分析故障原因	10		
	测量步骤、方法、结果	20		
	确定故障	10		
	排除故障	5		
	维修后确认车辆是否正常	5		
职业素养 （20分）	人身安全、设备安全注意事项	5		
	设备、工量具复位	5		
	清洁、整理工作场地	5		
	工单填写完整、规范	5		

模块小结

1. 新能源汽车一般高压上电的控制逻辑是动力电池组电控系统和驱动电机控制器被点火开关电源唤醒之后，分别进行自检并把自检情况通过 CAN 网络系统传送到整车控制器。整车控制器判断无异常后反馈信息给动力电池组，动力电池组控制总正/总负接触器工作输出高压电。如果自检异常或整车控制检测到其他异常情况，则动力电池组不会控制总正/总负接触器工作，无法输出高压电。整车控制器把读取到的相关数据传送到仪表，通过仪表显示动力电池组的相关参数。

2. 出现高压无法上电的故障时要注意观察仪表是否有与动力电池、驱动电机相关的报警灯被点亮（有报警灯被点亮就一定要读取故障码），仪表是否能正常显示动力电池组的电量、电压等相关信息。如果不能显示则说明整车控制器未能读取到动力电池组相关状态数据，要重点检查动力电池组的低压电源电路、CAN 网络相关电路。

3. 如果出现通过解码仪无法进入动力电池组控制系统、驱动电机控制系统的情况，则检查无法进入系统的低压电源电路（常电端子、点火开关端子、负极端子）、CAN-H 和 CAN-L 电路、控制系统模块自身故障。

4. 如果有故障码，则根据故障码内容产生机理并结合电路图分析故障可能原因。

5. 利用检测仪、数字万用表、示波器、绝缘测试仪、毫欧表等专业仪器进行故障检测，通过检测数据确定故障原因。